DIE KÜCHE DER DOLOMITEN

AUF DEN SPUREN
DER KULINARISCHEN GENÜSSE
EINES ZAUBERHAFTEN
LANDES: REZEPTE,
WEINE UND TYPISCHE
ERZEUGNISSE

BONECHI

Erklärung der Tabelle

SCHWIERIGKEITSGRAD	GESCHMACKSRICHTUNG	NÄHRWERT
● einfach	● mild	● niedrig
●● niedrig	●● würzig	●● mittel
●●● schwierig	●●● sehr kräftig	●●● hoch

Verlagsprojekt: Casa Editrice Bonechi
Verlagsdirektor: Alberto Andreini
Editor: Paolo Piazzesi
Grafischer Entwurf: Andrea Agnorelli *und* Maria Rosanna Malagrinò
Umschlag und Video-Umbruch: Maria Rosanna Malagrinò
Redaktion: Patrizia Chirichigno

Übersetzung: Heide Marianne Siefert *und* Ingeborg Babitsch

In der Küche: Lisa Mugnai
Diätfachmann: Dr. John Luke Hili

Das Umschlagfoto stammt von Ghigo Roli.

Die Fotos der einzelnen Gerichte sind Eigentum des Verlagsarchivs der Casa Editrice Bonechi *und wurden von* Andrea Fantauzzo *erstellt.*

Die Landschaftsaufnahmen stammen von Andrea Innocenti*: S. 1 (oben), 3, 5 (rechts), 6 (oben Mitte und rechts; unten), 7, 8, 14, 17 (unten), 28, 31, 43, 44, 51, 58 (rechts), 64, 67, 78; und* Ghigo Roli*: S. 1 (Mitte und unten), 4 (oben), 5 (links), 6 (oben, links), 18 (unten), 58 (links).*

Die anderen Landschaftsaufnahmen sind Eigentum der Casa Editrice Bonechi *und wurden von* Marco Bonechi *und* Luigi Di Giovine Photo Grafica *erstellt.*

Für nicht ausgewiesene Fotos dankt der Verleger im vorhinein für eventuelle Hinweise, die dann bei Neuauflagen übernommen werden.

Druck in Italien: Centro Stampa Editoriale Bonechi.

ISBN 88-476-1422-8

***

EINFÜHRUNG

Die Dolomiten: ein Paradies für die Augen, für den Geist, für den Gaumen, ein Stückchen Welt, wo man sich rundum wohlfühlt zwischen dem Eisacktal und Pustertal im Norden, dem Etschtal im Westen, dem Abteital im Osten und dem vom Brenta durchflossenen Suganatal im Süden. Gipfel, Türme und Felsgrate, Bergspitzen, die sich in kristallenen Seen spiegeln, reine Luft, das Plätschern klarer Gewässer, das Summen der Bienen und das Läuten der Kuhglocken in der Ferne. Wiesen, auf denen einsame Berghöfe liegen, von dichten Tannenwäldern umrahmte Almen, beschauliche Dörfer, über denen alte Burgen aufragen, von rosafarbenen Bergriesen bewachte, schweigende Täler. Und da tauchen sie vor dem Blick auf die von Geheimnis umwitterten Gebirgsmassive: die Sellagruppe, der Langkofel, die Geislerspitzen, die Puezgruppe und die Marmolada, die Kette mit den Vajolettürmen und der Latemar; dann das Badiatal und der Cordevole, das Pragser Tal, der Hohe Gaisl und die Tofane, der Monte Pelmo und Monte Civetta, der Zwölferkofel und der Monte Cristallo mit dem Misurinasee und Cortina d'Ampezzo, der Sorapis, der Antelao, die Marmarole-Gruppe, der Elfkogel und die Drei Zinnen. Wer weiß, ob es Dieudonné Dolomieu (1750-1801) je bewusst war, dass er seinen Namen an eine unvergessliche Legende geknüpft hatte. Der französische Geologe hatte sich mit dem Studium des Dolomits befasst, eines Kalzium- und Magnesiumkarbonats mit farblosen oder gräulich gefärbten, rhomboedrischen, oft sattelartigen Zwillingskristallen, die in kompakten dichtkörnigen Massen das Dolomit bilden, den lebendigen Stein dieser Bergriesen, der im Morgengrauen und bei Sonnenuntergang seine Farbe wechselt.

Ein Aufenthalt in den Dolomiten bedeutet Begegnung mit der Natur und eine Vielfalt an Möglichkeiten, sowohl Sommer- als auch Wintersport zu betreiben – Abfahrts- und Langlauf, Bergsteigen, Rafting, Reiten, Mountainbike und so weiter. Man kann sich aber auch darauf beschränken, gesunde Wanderungen zu unternehmen, in einer Umgebung, die eine exquisite Gastfreundschaft und hervorragende Infrastrukturen zu bieten hat. Hier erwartet den Besucher ein unberührtes Ambiente mit interessanten Naturschutzgebieten, wie der Parco Nazionale delle Dolomiti Bellunesi, ein weites wildes Berggebiet mit Gletscher- und Flusserosionserscheinungen, Wäldern und hoch gelegenen Weiden am Südrand der Dolomitenkette zwischen dem Cismon- und dem Piave-Tal, mit den Vette Feltrine, dem Canzoi-Tal und den Monti del Sole; dicht daneben der Parco Dolomiti d'Ampezzo nördlich von Cortina mit dem angrenzenden Südtiroler Naturpark Fanes-Sennes-Prags, der weltberühmte Gipfel und Berggruppen umfasst wie die Tofane, den Monte Cristallo und die Hohe Gaisl. Im Trentino kann man den herrlichen Naturpark Paneveggio-Pale di San Martino besuchen mit dem herrlichen Alpenforst Paneveggio, wo neben der Zirbelkiefer die bei Lautenmachern so beliebte Rottanne wächst, und der berühmten Pala-Gruppe. In der Provinz Bozen gibt es zahlreiche regionale Naturparks, wie den hochalpinen Naturpark Rieserferner oder den Naturpark Sextner Dolomiten, der zwischen dem gleichnamigen Ort, Toblach und Innichen im nordöstlichen Teil der Kette liegt und die Drei Zinnen und andere berühmte Dreitausender mit Lärchen- und Rottannenwäldern einschließt. In der Nähe befindet sich der Naturpark Fanes-Sennes-Prags mit der Hohen Gaisl und den Dolomiten-Hochplateaus Sennes, Fanes und Fosses, wo Gemsen, Rehe, Hirsche, Murmeltiere und Stein-

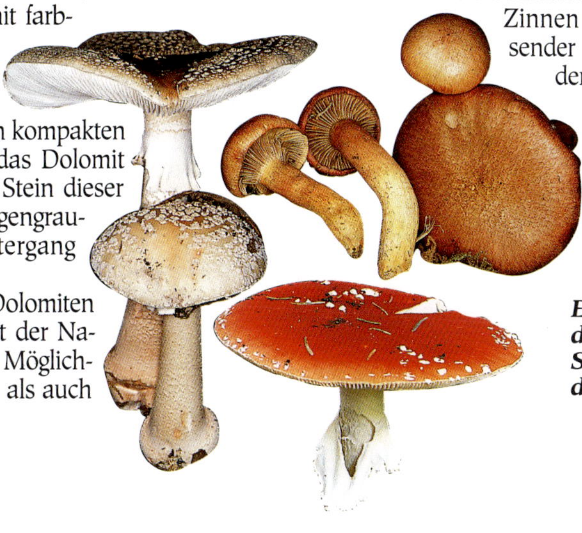

Einige typische Pilzarten der Dolomiten. Oben, die drei Spitzen des Langkofel und das Massiv der Sellagruppe.

Die Dolomiten bieten Gelegenheit zu wunderschönen Reitausflügen. Unten, traditionelle Trachten aus Belluno und Umgebung.

böcke leben. Zwischen dem Passo delle Erbe im Norden und dem Passo Gardena im Süden liegt der Naturpark Puez-Geisler mit den gleichnamigen Berggruppen, ein Paradies für Geologen, die hier alle Dolomitenformationen mit einer Fülle an Meeresfossilien studieren können, und eine Gegend, die von Rehen, Gemsen und Bergfasanen bevölkert ist. Das Schlern- oder Sciliar-Massiv, das sich über der Seiser Alm erhebt, befindet sich an den äußersten westlichen Ausläufern der Dolomitenkette. Im Reich des Wellness und der gesunden Heubäder fehlt es hier gewiss nicht an Gelegenheiten für Freunde des Kurtourismus. Neben den berühmten Mineralquellen von Meran kann man auch im unteren Gadertal, im Herzen der ladinischen Dolomiten, in St. Martin in Thurn bei Untermoi kuren, einem "rustikalen Heilbad" nicht weit von Bruneck, wo Rheumakrankheiten, chronische und nervöse Hautleiden mit schwefelsaurem und kalkhaltigem Mineralwasser mit salzig-bitterem Geschmack geheilt werden. Die Dolomiten liegen mitten in einem Land, das untrennbar an seine Traditionen gebunden ist, wie die Kulturereignisse zeigen, die man zu unrecht als bloße Folklore abtun würde. Denken wir nur an die Musikkapellen der alten Schützenvereine, die es seit dem Mittelalter gibt und die beim alljährlichen Tiroler Schützenfest zu den Umzügen aufspielen, wobei die farbenprächtigen Trachten von Dorf zu Dorf verschieden sind. Den wunderschönen Trachten der ladinischen Täler wird im August ein Kostümfest gewidmet, das im Turnus von Wolkenstein im Grödnertal, St. Ulrich und St. Christina organisiert wird. Bäuerliches Brauchtum lebt weiterhin fort, wenn im Januar in Kastelruth die traditionelle Bauernhochzeit mit Schlittenprozession gefeiert wird, oder wenn am Faschingsdienstag in Latsch beim Pflügen der Roggen "geweckt" wird. Die Umgebung von Belluno ist für den Karneval bekannt, wo in der Ortschaft Comelico Superiore der Umzug von den seltsam gekleideten Matazin angeführt wird. In Sappada, an der Grenze zum Friaul, wo man einen uralten bayrischen Dialekt spricht, gibt es die herrlichen geschnitzten Holzmasken, die es an Schönheit mit denen aus Gnaga di Forno di Zoldo aufnehmen können; in Rivamonte Agordino beschwört der eindrucksvolle Tanz der wilden Männer die sagenhaften Waldbewohner herauf, die den Menschen die Kunst der Käseherstellung gelehrt haben sollen. Zu den Hauptattraktionen der Dolomiten gehört ohne Zweifel das traditionelle Kunsthandwerk, das vor allem auf den wunderschönen Weihnachtsmärkten zum Ausdruck kommt. Im Trentino und in Südtirol ist das Angebot geradezu überwältigend: herrliche Skulpturen aus Stein und Marmor im Venostatal, eindrucksvolle Karnevalsmasken im Pustertal, Sarntal und in der Valfloriana; im Fassatal und im Fleimstal wetteifern die Holzschnitzer mit ihren Kollegen im Grödnertal, unter deren Händen farbenprächtige Figuren und die berühmten Kruzifixe, aber auch bescheidenere Artikel wie Spielwaren, Hausrat und Gebrauchsgegenstände entstehen; dann bunt bemalte Bauernmöbel aus hellem Kiefernholz mit den typischen Keramiköfen für die Stuben, die vor allem in Bruneck, dem Hauptort für Loden, Filzhüte und Goldschmuck, hergestellt werden; handgewebte Textilien, in Holzöfen gebranntes Tongeschirr, Kunsthandwerk aus Schmiedeeisen, Kupfer, Zinn und Messing, Klöppelspitzen im Aurinatal und die unvergleichliche Federkielstickerei (von Pfauenfedern) auf Leder. Schmiedeeisen gibt es im Umland von Belluno, Kunstfenster in Cortina d'Ampezzo, Filzartikel und bestickte Schals in Belluno, wo auch Bauernmöbel hergestellt werden; ein Konkurrent im Möbelgeschäft ist Pieve di Cadore, das mitten in einer Gegend liegt, die für ihre Patchworkdecken und -teppiche bekannt ist. Wir haben schon gesehen, dass ein Aufenthalt in den Dolomiten zu jeder Jahreszeit kulturelle Bereicherung, Erholung für den Geist und vor allem ein Zurückfinden zum Rhythmus der Natur bedeutet, auch bei Tisch, dank der genuinen Zutaten, die oft in jahrhundertealter Kunst abgewandelt und mit natürlichen Methoden

konserviert werden. Familiäre gesunde Hausmannskost bieten Hotels, Pensionen, Berghütten und die vielen Ferien-Bauernhöfe, die es verstehen, Gastlichkeit und Qualität miteinander zu verbinden und jahreszeitlich abgestimmt den Tisch zu decken, generös und nicht weniger bunt als die Geranien, mit denen die Balkone geschmückt sind, oder die Stickereien, die auf den traditionellen Trachten prangen. In den Gegenden, in denen das Kunsthandwerk blüht, ist auch die Küche ein häusliches "Kunstgewerbe" das zwar keineswegs kompliziert oder ungewöhnlich ist, jedoch ein gewisses Maß an Klugheit und Geduld, Zeit und Hingabe erfordert. In der – zwangsläufig beschränkten – Auswahl an Gerichten aus der Gastronomie der Dolomiten haben wir versucht, die besten

Neben dem Skisport erfreut sich in den Dolomiten das Rafting immer größerer Beliebtheit. Unten, der Ferienort Alleghe am gleichnamigen See.

Rezepte der Tradition einzufügen und keines der unsterblichen typischen Gerichte einer reichen kulinarischen Kultur auszulassen, die heute aufgrund einer physiologischen Standardisierung der touristischen Gastronomie nicht immer selbstverständlich ist. Zum Ausgleich haben wir "ausgelassene" Gerichte manchmal am Fuß der Rezepte in Kursivschrift angefügt oder in den ausführlichen Beschreibungen der vielen typischen Erzeugnisse, einschließlich der hervorragenden Weine und Liköre, mit behandelt.

HINWEIS

Unsere Rezepte werden, vor allem, wenn die Zubereitung ein wenig mehr Aufmerksamkeit erfordert, zum besseren Verständnis durch eine Fotoreihe erläutert. Wir empfehlen Ihnen, zunächst die Zutatenliste (einschließlich der Angaben in Bezug auf Vorbereitungs- und Garzeiten, Schwierigkeitsgrad, Geschmacksrichtung und Diätwerte) im Einzelnen durchzugehen und dann das Rezept mit den jeweiligen Arbeitsschritten genau zu studieren, bevor Sie sich ans Werk machen. Und, wie immer, guten Appetit!

Mädchen in der Tracht von Cortina d'Ampezzo und, oben, Trachten vom Gardasee.

DIE MEINUNG DES DIÄTFACHMANNS

Die Küche der Dolomiten gehört aufgrund der Auswahl der Zutaten und vor allem der Saucen ohne Zweifel der gastronomischen Tradition Nordeuropas an. So kommen hier anstatt Olivenöl größtenteils Fette tierischen Ursprungs, wie Speck, Schmalz, Butter und Sahne zur Anwendung. Die in diesen Saucen vorhandenen Fette sind reich an gesättigten Fettsäuren. Deshalb ist ganz wichtig, dass sie in mäßigen Mengen verwendet werden, um das Auftreten von Herzkranzgefäßkrankheiten zu vermeiden.

Die gleiche Vorsichtsmaßregel gilt für die Frittüre, von der in dieser Küche reichlich Gebrauch gemacht wird, insofern als Frittieröle sich bei hohen Temperaturen denaturieren und der Anteil an gesättigten Fettsäuren zunimmt. Vom ernährungswissenschaftlichen Standpunkt aus könnte man die Küche der Dolomiten als eine "Winterküche" definieren, da sie sich durch Nahrungsmittel und Zutaten auszeichnet, die bevorzugt werden, um unseren Energiebedarf während der kalten Jahreszeit zu decken.

Ein typischer Lebensmittelmarkt.

Register

1: Vorspeisen und Appetitanreger

2: Suppen, Nudeln, Nockerl und Knödel

3: Wild und Fleisch

Die Seiser Alm im Sommer.

4: Fisch, Gemüse und Eier

5: Krapfen, Gebäck und Desserts

Die Flachlandseen.

Vorspeisen und Appetitanreger

Ein paar Ideen als Auftakt zu den nachfolgenden Gängen, aber auch der Wunsch, eine Auswahl der unübertroffenen Käse- und Wurstsorten der Dolomiten und Umgebung vorzustellen, zu denen vor allem der weltbekannte, unvergleichliche Speck gehört. In diesem Kapitel lernen wir auch Kostproben von frittierten Speisen kennen, eine Kategorie, die in der Gastronomie der Dolomiten mit Rezepten aller Art vertreten ist, sowohl salzig als auch süß, aber immer unwiderstehlich, wie wir gleich feststellen werden.

1

FELSSPITZENPASTETE

250 g Schweineleber
150 g magerer Speck (am Stück)
120 g fetter Speck (dünne Scheiben) (s. S. 57-58)
1/2 Zwiebel
1 Knoblauchzehe
Muskatnuss
Salz und Pfeffer

Portionen:	6
Vorbereitungszeit:	20'
Kochzeit:	20' ca.
Schwierigkeitsgrad:	●●
Geschmacksrichtung:	●●
Kalorien (pro Portion):	433
Proteine (pro Portion) :	27
Lipide (pro Portion):	34
Nährwert:	●●●

1 Knoblauch und Zwiebel abziehen und zusammen mit der Leber und dem gewürfelten mageren Speck (Schwarte vorher abschneiden) in den Mixer geben und bei niedriger Stufe pürieren. Mit einer Prise Salz und Pfeffer sowie mit einem Hauch Muskatnuss würzen. 4-5 cm hohe feuerfeste Portionsschüsselchen mit Speckscheiben auslegen und die Mousse einfüllen.

2 Die Masse glatt streichen und die Oberfläche ebenfalls mit Speckscheiben belegen. Die Förmchen mit Alufolie abdecken und die Pasteten in dem auf 200 °C vorgeheizten Backofen 20 Minuten im Wasserbad garen. Die Pasteten herausnehmen, erkalten lassen und stürzen.
Eine elegante Vorspeise für den besonderen Anlass.

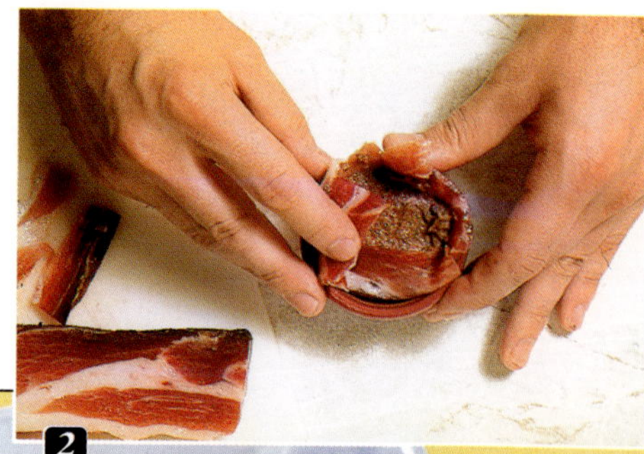

ASIAGO MIT ZWIEBEL

Den Käse von der Rinde befreien und in kleine Würfel schneiden. Die Zwiebeln häuten, in Ringe schneiden und auf eine Platte legen, mit Salz und Pfeffer würzen, mit ein wenig Essig besprühen und etwa zehn Minuten stehen lassen. Den Käse auf den Zwiebelringen verteilen, mit einem Guss Öl (nach Belieben mit Olivenöl) anrichten und als Vorspeise servieren.

200 g "gepresster" Asiago (am Stück) (siehe unten)
1 oder 2 junge Zwiebeln
Apfelessig
Salz und Pfeffer
Sonnenblumenöl

Portionen: 4
Vorbereitungszeit: 10'+10
Schwierigkeitsgrad: ●
Geschmacksrichtung: ●
Kalorien (pro Portion): 344
Proteine (pro Portion): 18
Lipide (pro Portion): 28
Nährwert: ●●●

ASIAGO

Der viel geschätzte DOP-Asiago (mit geschützter Herkunftsbezeichnung) ist der wohl berühmteste Käse von Venetien und Umgebung. Benannt ist er nach dem Hauptort des Altopiano dei Sette Comuni, im Süden des Trientiner Suganatals, wo bereits im Jahr Tausend eine renommierte Käseherstellung nachgewiesen ist. Heute dehnt sich das Produktionsgebiet bis in die angrenzenden Täler der Provinz Trento aus. Asiago, der in den Dolomiten und in der Alpenküche vielseitige Anwendung findet, wird aus Kuhmilch – Voll- oder Magermilch – zu einer halbgekochten Masse verarbeitet. Es gibt verschiedene Asiagosorten: "d'allevo" oder reifer Asiago (sog. "mezzano" bei Lagerung bis zu 6 Monaten, "alt" bei Lagerung von über einem Jahr) und "gepresst" oder frisch. Die beste Qualität ist der Almkäse, der in entsprechend geringen Mengen direkt auf der Alp hergestellt.

STINKKÄSE (*PUZZONE*) MIT KARTOFFELN

200 g Stinkkäse (Puzzone) aus Moena
2 schöne Kartoffeln
Apfelessig
Schnittlauch
Salz und Pfeffer
Sonnenblumenöl

Portionen: 4	
Vorbereitungszeit: 15'	
Kochzeit: 20'	
Schwierigkeitsgrad: ●	
Geschmacksrichtung: ●	
Kalorien (pro Portion): 421	
Proteine (pro Portion): 20	
Lipide (pro Portion): 29	
Nährwert: ●●●	

Den Käse von der Rinde befreien und in kleine Würfel schneiden. Die Kartoffeln waschen und nicht zu weich kochen, warm pellen, abkühlen lassen und anschließend ebenfalls in gleichmäßige Würfel schneiden. Kartoffel- und Käsewürfel in einer Terrine untereinander mischen, mit Salz und Pfeffer, Essig und Öl (nach Belieben mit Olivenöl) anrichten. Reichlich grob gehackten Schnittlauch darüber streuen und als Vorspeise servieren.

STINKKÄSE - PUZZONE DI MOENA

Trotz des wenig einladenden Namens – er heißt auch "Nostrano della Val di Fassa" – handelt es sich um einen aromatischen und würzigen Käse, dessen Bezeichnung in ladinischer Sprache weit angenehmer klingt, nämlich "Spetz Tsaori" (das heißt "würziger Käse"). Er wird aus Vollmilch hergestellt und besteht aus einem halbgekochten Teig von halbfester Konsistenz. Ein hervorragender heller Weichkäse mit kleinen und mittelgroßen Löchern, der in runden Formen mit einem Gewicht von 9 bis 12 kg bis zu 8 Monaten lagert. Das intensive Aroma, dem dieser Käse seinen respektlosen Namen verdankt, rührt von dem zuweilen gesalzenen lauwarmen Wasser her, das während der Reifezeit besondere anaerobe Formationen in der Masse begünstigt und dem Käse jene einmalige Würze und unvergleichlichen Geschmack verleiht.

Kohlsalat mit Speck

1 kleiner Weißkohl 100 g durchwachsener Speck (am Stück) (siehe S. 57-58) Kümmel Essig, Salz und Pfeffer
Portionen: 4-6
Vorbereitungszeit: 15′
Kochzeit: 10′
Schwierigkeitsgrad: ●
Geschmacksrichtung: ●
Kalorien (pro Portion): 142
Proteine (pro Portion): 6
Lipide (pro Portion): 12
Nährwert: ●●

Den Kohl putzen, die äußeren harten Blätter entfernen, gründlich abbrausen und abtropfen lassen. Den Kohlkopf vierteln, den Strunk ganz herausschneiden und die Spalten in feine Streifchen schneiden (oder hobeln). Den Kohlsalat in einer Schüssel mit Salz, Pfeffer und einer Prise Kümmel anrichten und ruhen lassen. Den Speck in kleine Würfel schneiden und mit einem Guss lauwarmem Wasser in der Pfanne sacht auslassen. Mit ein paar Tropfen Essig besprühen und den Pfanneninhalt (mit dem ausgelassenen Fett) über den Kohl gießen. Eine ausgezeichnete Vorspeise für ein herbstliches Mittagessen auf der Grundlage von Knödeln.

Gebackene Quarkknödel

250 g Mehl
(und etwas mehr zum Bestäuben der Arbeitsplatte)
150 g Quark
20 g Bierhefe
2 Eidotter
ca. 1,5 dl Milch
Salz
Frittieröl

Portionen:	4-6
Vorbereitungszeit:	30′+1h 30′
Kochzeit:	20′
Schwierigkeitsgrad:	●●
Geschmacksrichtung:	●
Kalorien (pro Portion):	698
Proteine (pro Portion):	16
Lipide (pro Portion):	44
Nährwert:	●●●

1 Das Mehl in eine breite Schüssel sieben, die zerbröckelte Hefe, eine Prise Salz und die lauwarme Milch zufügen und mit dem Holzlöffel zu einem glatten Teig verarbeiten. Den Teig anschließend eine halbe Stunde gehen lassen.

2 Den Teig noch einmal kurz umrühren, dann mit dem Holzlöffel (nacheinander) die Eier und den Quark einrühren.

3 Mit einem Teelöffel den Teig herausnehmen, dattelgroße Klößchen daraus formen und mit der Handfläche auf einer bemehlten Platte abrollen.

4 Die Knödel nebeneinander (nicht übereinander) auf ein bemehltes Tuch legen und noch eine Stunde gehen lassen. Dann die Quarkknödel in reichlich siedendem Öl nacheinander goldgelb ausbacken und auf Küchenkrepp abtropfen lassen. Falls nötig, noch mit etwas Salz bestreuen und als Vorspeise servieren.

1

2

Blick auf Auronzo di Cadore.

3

4

Griesswürfel

160 g Grieß
1/2 l Milch
2 Eier
Muskatnuss
Salz
40 g Butter
Frittieröl

Portionen: 4	
Vorbereitungszeit: 20'	
Kochzeit: 35'	
Schwierigkeitsgrad: ●●	
Geschmacksrichtung: ●	
Kalorien (pro Portion): 603	
Proteine (pro Portion): 14	
Lipide (pro Portion): 42	
Nährwert: ●●●	

1 Die Milch in einen Topf gießen und mit Butterflöckchen, einer Prise Salz und einem Hauch abgeriebener Muskatnuss erhitzen. Kurz vor dem Aufkochen unter Umrühren (mit einem Holzlöffel) nach und nach den Grieß einstreuen.

2 Alles eine Viertelstunde kochen lassen, dabei ständig umrühren. Den Grießbrei in eine angefeuchtete, breite, viereckige Form mit nicht zu hohem Rand geben und glatt streichen. Die Masse darf nicht höher als ein halber Zentimeter sein. Den Grießbrei erkalten lassen, in gleichmäßige Würfel schneiden und in das verquirlte Ei tauchen. Die Grießwürfel goldgelb ausbacken, auf Küchenkrepp gut abtropfen lassen, nach Belieben mit Salz bestreuen und warm als Vorspeise servieren.

Frittiertes – früher vorwiegend Schmalzgebackenes – erfreut sich großer Beliebtheit in den Dolomiten und Umgebung. Man denke nur an die köstlichen "Krapfen" aller Art, süß oder salzig und mit allen guten Gaben Gottes gefüllt, gebackene Küchlein und Nockerln von jeder Form und Sorte. In Venetien und im Trentino heißen sie "crostoli" und in Südtirol "Hasenhörnl", Teigrauten, angereichert mit Milch, Sahne, Salz und Essig, außen knusprig und innen weich, auch in der Variante als süßes Gebäck.

1

2

Typische Käsesorten

Die Dolomiten befinden sich im Herzen eines von der Tradition her in der Rinderzucht und Weidewirtschaft verwurzelten Gebietes, wo die Herden im Sommer auf die Alp geführt werden und sich von dem guten Gras der Almwiesen nähren.

Die Kühe geben hier oben eine hervorragende Milch, die oft noch auf der Alm zu ausgezeichnetem Käse verarbeitet wird. So ist es verständlich, dass in dieser Gegend die Käseproduktion floriert, die auf der Verflechtung von Brauchtum, Umweltschutz und ständigem technologischem Fortschritt begründet ist: Käse aller Art, Jogurt und Milchprodukte, deren Qualität durch besondere Bestimmungen geschützt ist. Mit Pioniergeist hat die selbständige Provinz Bozen einen neuen Weg beschritten durch die Schaffung des Markenzeichens "Südtirol", das für die Qualität der mit traditionellen und natürlichen Methoden hergestellten Lebensmittel bürgt. Dazu gehören neben Käse, Milch und Molkereiprodukten auch Äpfel, Apfelsaft, Speck, Brot in tausend Variationen, Strudel, verschiedene Gemüsesorten, Erdbeeren, Honig und natürlich der gute Schnaps (Grappa).

Aber zurück zum Käse. Über den Asiago und Stinkkäse aus Moena haben wir schon gesprochen, sodass wir uns nun den Käsesorten aus den Dolomiten und ihrem Umland zuwenden möchten. Ohne jemandem wehtun zu wollen, muss hier gesagt werden, dass das Pustertal wohl der bekannteste Käsehersteller ist. Hier kommt der berühmte Hochpustertaler her, ein traditionsreicher Hartkäse, der als Halbfettkäse und als fetter Schichtkäse erhältlich ist; dann der ausgezeichnete Sextner Almkäse mit markanter Würze, ebenfalls ein traditionelles Käseprodukt, das mindestens 50% Fettstoffe enthält. Etwas leichter, weil sie aus Magermilch hergestellt werden, sind einige Sorten aus Bruneck: der Bruneck Leicht, ein zarter Weichkäse, der während der (2 bis 3-monatigen) Reifung mit Salzwasser befeuchtet wird, damit sich die typisch rote Kruste bilden kann; der aromatische Pustertaler Bergkäse mit Nussgeschmack, ebenfalls mit der charakteristischen rote Kruste; der aromatische und stark gewürzte Rienz in der typischen Stangenform mit roter Kruste. In Toblach sollte man den Toblacher Stangenkäse probieren, einen halbfesten Schnittkäse aus teilweise entrahmter Milch, aus blättrigem Teig mit mildem, aber vollem Geschmack. San Candido ist stolz auf seinen Inticina, einen Weichkäse, dessen Bezeichnung auf den lateinischen Namen des Dorfes anspielt und der im Verlauf der 3-monatigen Lagerung einen intensiveren Geschmack annimmt. Weitere Käsesorten aus dem Pustertal sind der Alpen mit der typisch pikanten, leicht herben Note, der Weichkäse Lorenz, der kompakte Senn- oder Hirtenkäse und der aus Rohmilch hergestellte Tiroler. Delikater im Geschmack ist der Weichkäse mit der Bezeichnung Bela Badia; dazwischen liegen der ausgewogene Pusta oder Pusteria, der dem Alpenweichkäse (Fontina) ähnelt, und der ein wenig würzigere Crontour. Unter den anderen Käsesorten, die in den Tälern der Dolomiten und Südtirols hergestellt werden, nimmt der ausgezeichnete Alpkäse eine Sonderstellung ein. Schon der Name verrät seine Herkunft von der Alm, wo er von Mitte Juni bis Mitte September hergestellt wird und anschließend bis zu 2 Monaten lagert. Ausgezeichnet der Graukäse mit bröcklig körnigem Teig aus Rohmilch und dem von der spontanen Bakterienflora herrührenden, leicht säuerlichen Geschmack, der zuweilen mit Pfeffer und Kräutern verfeinert wird; der aus Magermilch hergestellte Räucherkäse, der mit Harzessenzen ganz langsam geräuchert wird; und schließlich der berühmte Zieger, ein in natürlichem Säuerungsprozess aus Magermilch hergestellter, mürber Käse mit mildem Nachgeschmack und manchmal mit der zusätzlichen Würze von Pfeffer und Kräutern; im Umland von Agordo und Ampezzo heißt er Zigher oder Zigar und kann auch aus Ziegenmilch hergestellt werden. Aus der Burggrafschaft – genauer gesagt, aus Algund vor den Toren von Meran – kommen der Bauernkäse Halbfett, ein halbfetter Käse mit mildem Geschmack, der 2 Monate lagert, ebenso wie der pikante Butterkäse aus Vollmilch und Rahm in der typischen Stangenform, der Aschbacher Magerkäse, ein fettarmer, zarter Käse, und der pikante Ziegenkäse mit einmonatiger Lagerung.

Aus dem Venostatal, westlich von Meran, zwei Produkte aus Magermilch, deren Namen Gipfel und Pässe wachrufen: der aromatische und würzige Ortler, der während der Reifung (bis zu 80 Tagen) mit Salzwasser behandelt wird, damit er die rote Kruste bekommt, und der stangenförmige Stilfser Käse, ebenso mit roter Kruste und kräftigem Geschmack, sofern er 3 Monate gereift ist. Abschließend sei noch die Buttermilch erwähnt, ein säuerliches Milchgetränk, das aus dem Rückstand beim Verbuttern von Süß- oder Sauerrahm entsteht. Wir verlassen nun Südtirol und wenden uns dem Trentino zu, das mit Stolz auf seinen Grana padano del Trentino DOP verweist. Die Bestimmungen für die Herstellung dieses Käses

sind noch strenger als die für den Original-Parmesankäse, insofern als sie Milch von Kühen vorschreiben, die nur mit frischem Gras, Heu und Futter auf der Grundlage von Getreide und Hülsenfrüchten ernährt werden. Ein komplementäres Produkt ist der Nostrano, der aus teilweise entrahmter Milch der Frühmelkung gewonnen wird, einer Milch, die für Grana nicht verwendet werden darf. Ausgezeichnet der Nostrano di Casel, ein bis zu einem Jahr gelagerter Käse, der auf der Alp hergestellte Nostrano-Almkäse, und der berühmte Nostrano di Primiero von den Almwiesen, die zur Pala-Gruppe blicken. In Venetien, in der Umgebung von Belluno, bevorzugt man den hervorragenden Nostrano di Padola aus einem Ortsteil von Comelico Superiore. Zu den besten frischen Käsesorten im Trentino, die aus Rohteig bestehen, zählen der milde Toséla di Primiero, der auch außerhalb des Ursprungsgebietes hergestellt wird und in der Pfanne sautiert mit gerösteter Polenta hervorragend schmeckt, der Montagna di Borgo Valsugana, ein Käse mit ausgeprägter Würze vom Südrand der Dolomiten, und der Dolomiti di Predazzo, ebenfalls ein Weichkäse, mit dessen Produktion man in den dreißiger Jahren des 20. Jahrhunderts begann, wogegen aus den Dolomiten im Gebiet von Belluno ein gleichnamiger Käse stammt, der mit Milch von braunen Alpenkühen hergestellt wird, ein halbgekochtes, halbfestes und nicht zu lange gelagertes Produkt von intensivem, angenehmem Geschmack. In Cavalese im Fleimstal, wo viel Schaf- und Ziegenzucht betrieben wird, gibt es neben einem herzhaften Ziegenkäse aus pasteurisierter Vollmilch mit halbgekochtem Teig noch den schmackhaften Misto, der jeweils zu 50% aus Ziegen- und Kuhmilch hergestellt wird. Im Dolomitenabschnitt bei Belluno finden wir viele hervorragende Käsesorten, vorwiegend aus Kuhmilch von Braunvieh und braunen Alpenkühen, die häufig die Bezeichnung der Herkunftsdörfer tragen. Gute Weichkäsesorten sind der Fodom aus teilweise entrahmter Rohmilch und der Contrin di Livinallongo aus Col di Lana aus pasteurisierter Vollmilch, die in den Molkereien an der Pordoi-Passstraße gesammelt wird. In Belluno und Feltre genießt man den Schiz, der aus der Pfanne oder vom Grill ausgezeichnet schmeckt. Käsesorten mit halbgekochtem halbfestem Teig sind der mäßig gelagerte delikate Busche aus einer Milch, die aus dem Almgebiet der gleichnamigen Gemeinde kommt, und der sehr geschätzte Casel di Canale d'Agordo aus Vollmilch oder teilweise entrahmter Milch, der bei einjähriger Lagerung würziger wird; außerdem der Malga in den Varianten dei Sette Comuni und Bellunese, ein Käse aus teilweise entrahmter Kuhmilch von alpinem Braunvieh und rotem Fleckvieh, mit markanter Würze und rauchigem Nachgeschmack. Ähnlich sind der mittellang gelagerte Montemagro, der salzige Morlach oder Burlach aus halbfetter oder roher Kuhmilch, der oft in Tonerde oder Flusssand konserviert wird, und der zarte Nevegal mit intensivem Duft; der Cesio aus Cesiomaggiore, einer Gemeinde rechtsseits des Piave, wird, ebenso wie der Zumelle aus der gleichnamigen Ortschaft am linken Piave-Ufer, frisch oder halblang gelagert verkauft. Sehr bekannt ist der aus Vollmilch hergestellte Piave-Hartkäse, der nach dem Fluss seiner Herkunftsprovinz Belluno benannt ist, mit gekochtem Teig, den es in den Varianten frisch (Lagerung 2 Monate), mittelalt (4 Monate) und alt (über 4 Monate) gibt und dessen Würze mit wachsendem Alter zunimmt. Ferner der Renàz, der am Pordoi-Pass aus teilweise entrahmter Milch gewonnen wird, der halbfette Latteria aus Sappada, in der Nähe von Montasio (Friaul), der auch Malga Sappada genannt wird, der Plodar Semar Käse oder Plodar Olbm Käse aus der gleichnamigen Ortschaft bei Comelico östlich von Cadore, für den Magermilch der Abendmelkung gemischt mit frischer Morgenmilch verwendet wird und der mindestens 50 Tage reifen muss; während der Sennerei ist der Zusatz von Ziegenmilch (50%) vorgesehen. In der Gegend von Agordo gibt es einen hervorragenden Quark, der mit Harzessenzen geräuchert wird, während man in Sappada den Schotte-Quark (Schotte Kneidlalm) produziert, der ebenfalls geräuchert oder mit Kräutern erhältlich ist.

Der Peitlerkofel im Naturpark Puez-Geisler.

SUPPEN, NUDELN, NOCKERL UND KNÖDEL

Gehaltvolle Eintöpfe, schmackhafte Suppen, hausgemachte Teigwaren mit köstlichen Füllungen, Nockerl und Klöße in tausend Abwandlungen. Einfache erste Gänge, die an zu Hause erinnern und oft wie Tellergerichte aussehen, reichhaltig und herzhaft, in denen sich die ganze Phantasie, aber auch das rechte Maß dieser Küche offenbart, einer Gastronomie, die von sparsamen Leuten erfunden wurde, die es gewohnt sind, alles zu verwerten, angefangen bei dem guten Brot in seinen vielen Varianten.

2

HOLZFÄLLERSUPPE

Die Bohnen mindestens 6 Stunden vorher einweichen. Das Rauchfleisch in ca. 1,5 l Wasser gar kochen und abgießen. Die abgetropften Bohnen in die Fleischbrühe geben, den Topf zudecken und ungefähr 50 Minuten ganz sacht köcheln lassen. Danach Dreiviertel der Bohnen passieren, die anderen ganz lassen und das Kochwasser aufbewahren.
Den in Würfel geschnittenen Speck sacht anrösten und einen Guss Wasser zugeben, damit das Fett austritt. Nach 6 Minuten die fein gehackte Zwiebel und das Mehl einrühren, bis es eine goldbraune Farbe angenommen hat. Das Bohnenpüree und soviel von der warmen Brühe zufügen, bis die Suppe die richtige Konsistenz angenommen hat. Mit Salz abschmecken und auf mittlerer Flamme noch einmal kurz aufkochen. Zum Schluss die ganzen Bohnen mit dem gewürfelten Rauchfleisch hineingeben, umrühren, alles zusammen erhitzen und sofort auftragen.

250 g getrocknete rote Bohnen
200 g Rauchfleisch
70 g Speck
20 g Mehl
1 Zwiebel
Salz

Portionen: 4
Vorbereitungszeit: 20'+6h
Kochzeit: 2h
Schwierigkeitsgrad: ●●
Geschmacksrichtung: ●●●
Kalorien (pro Portion): 568
Proteine (pro Portion): 18
Lipide (pro Portion): 41
Nährwert: ●●●

Kaldaunensuppe mit Essig

500 g vorgegarte Kalbskaldaunen
20 g Mehl
1/2 Zwiebel
Lorbeer
1 Gewürznelke
1 Schnitz Zitronenschale
ca. 1,2 l Rindfleisch- oder Gemüsebrühe
Essig
Salz und Pfeffer
30 g Butter

Portionen: 4
Vorbereitungszeit: 15′
Kochzeit: 30′
Schwierigkeitsgrad: ●●
Geschmacksrichtung: ●●●
Kalorien (pro Portion): 431
Proteine (pro Portion): 24
Lipide (pro Portion): 34
Nährwert: ●●●

Die Butter zergehen lassen und das Mehl einrühren, die Brühe zugießen, umrühren und die mit der Gewürznelke gespickte Zwiebel, 2 Lorbeerblätter und den Zitronenschalenschnitz hineingeben. Alles aufkochen lassen, den Topf zudecken und eine Viertelstunde köcheln lassen. Den Deckel abnehmen, die Zwiebel, den Lorbeer und den Schnitz herausnehmen und die in dünne Streifchen geschnittenen Kaldaunen zufügen. Die Suppe noch einmal aufkochen lassen, mit Salz und Pfeffer abschmecken, mit Essig besprühen und vor dem Servieren leicht abkühlen lassen.

Wenn Sie eine delikatere Suppe bevorzugen, versuchen Sie doch einmal die mit Butter, Ei, Salz und Muskatnuss zubereiteten traditionellen Grießnockerl, die zuerst in Salzwasser gekocht und dann in Fleischbrühe mit gehacktem Schnittlauch serviert werden. Oder Eiertropfen: Ei mit Mehl verquirlen und wie Tropfen in die heiße Gemüsebrühe einlaufen lassen. Mit zerlassener Butter und Schnittlauch verfeinern. Schmeckt köstlich!

Milzkrüstchensuppe

250 g Kalbsmilz
7 runde (leicht altbackene) Brötchen (oder eine andere Form von Weißbrot)
2 Eier
Schnittlauch, Majoran und Petersilie
1 Schnitz Zitronenschale
ca. 1,5 l Fleischbrühe
Salz und Pfeffer
100 g Butter

Portionen: 4
Vorbereitungszeit: 25′
Kochzeit: 30′
Schwierigkeitsgrad: ●●
Geschmacksrichtung: ●●
Kalorien (pro Portion): 634
Proteine (pro Portion): 27
Lipide (pro Portion): 34
Nährwert: ●●●

1 Die Milz klopfen und mit einem stumpfen Messerrücken (oder einem ähnlichen Gerät) schaben, sodass eine dunkelrote Masse entsteht. Die Eier aufschlagen, das Eiweiß mit einer Prise Salz zu Schnee schlagen. 60 g Butter in einem Topf auf kleinster Flamme zergehen lassen, nach und nach mit dem Schneebesen erst die Eidotter und dann die Milz einrühren, bis eine gleichmäßige Masse entsteht. Mit je einem Zweiglein gehacktem Majoran und Petersilie, abgeriebener Zitronenschale und einer Prise Salz und Pfeffer würzen. Alles sacht umrühren und von der Herdstelle nehmen. Abkühlen lassen und den Eischnee mit dem Schneebesen darunter heben.

2 Die Brötchen in ca. 1 cm dicke Scheiben schneiden. Die Hälfte der Scheiben mit der Farce bestreichen, die anderen Hälften darauf legen und leicht andrücken. Die Milzschnittchen von beiden Seiten in der verbliebenen Butter goldgelb werden lassen, herausnehmen, abtropfen und abkühlen lassen. Dan in zwei oder drei Stücke schneiden und in die kochend heiße Brühe legen. Mit gehacktem Schnittlauch bestreuen und servieren.

Brot ist nicht nur der Hauptbestandteil der Knödel, über die wir gleich sprechen werden, sondern in seinen unzähligen Varianten auch die wichtigste Zutat für Dolomiten-Eintöpfe, wie die "zuppa panada", ein Brei aus Vollkornbrot, das in Fleischbrühe gekocht und mit in Butter gerösteter Zwiebel, verquirltem Ei und Schnittlauch angerichtet wird.

1

2

"CASUNZIEI" AUS CORTINA

1 Rote Rüben, Kartoffeln und Rettich separat kochen. Die Kartoffeln abgießen, warm pellen und passieren. Die rote Beete und den Rettich raspeln, in eine Schüssel geben und mit dem Kartoffelpüree und einer Prise Salz und Pfeffer vermischen. Sollte die Masse zu flüssig sein, kann man einen oder zwei Esslöffel Semmelbrösel zufügen. Auf einer Arbeitsplatte das Mehl, die Eier, eine Prise Salz und lauwarmes Wasser zu einem Teig verkneten und kurz ruhen lassen. Den Teig dann dünn ausrollen und ca. 10 cm große Quadrate ausschneiden.

2 In die Mitte der Quadrate jeweils ein Häufchen Füllung setzen, das Teigquadrat zu einem Dreieck umklappen und die angefeuchteten Ränder mit den Fingern festdrücken Die "Casunziei" in schwach gesalzenem Wasser etwa 10 Minuten gar kochen und, sobald sie an die Oberfläche steigen, mit dem Schaumlöffel herausheben. Vor dem Servieren mit geriebenem Parmesankäse (oder "Ziger", einem Käse aus Agordo, der im Kapitel über typische Käsesorten beschrieben ist) und Mohnsamen bestreuen.

350 g Mehl
(und etwas mehr für die Arbeitsplatte)
3 Eier
3 rote Rüben
2 Kartoffeln
1 Rettich
Semmelbrösel (nach Bedarf)
ca. 4 g Mohnsamen
Reibkäse (Grana) aus Trient (zum Anrichten)
50 g Butter

Portionen: 4
Vorbereitungszeit: 40'+15'
Kochzeit: 45'
Schwierigkeitsgrad: ●●●
Geschmacksrichtung: ●●
Kalorien (pro Portion): 733
Proteine (pro Portion): 25
Lipide (pro Portion): 21
Nährwert: ●●●

Diese vorzüglichen "Ravioli", ein typisches Gericht aus dem wunderschönen Talkessel von Cortina d'Ampezzo und Agordo, kann man heute auch in vielen anderen Dolomitenorten im Umland von Belluno kosten. Bei der Füllung sind der Phantasie keine Grenzen gesetzt: Spinat mit Quark, Butter, Schnittlauch und Käse, oder auch mit Kürbis oder Radicchio. Wie auch bei anderen frischen gefüllten Teigwaren aus dieser Gegend wurde ursprünglich auf die Verwendung von Ei verzichtet.

"Ciaronciè" aus Moena

500 g Kartoffeln
50 g Mehl
1 Ei
400 g Spinat
Parmesan oder Grana, gerieben
Salz
Olivenöl
80 g Butter

Portionen: 4
Vorbereitungszeit: 40'
Kochzeit: 15'
Schwierigkeitsgrad: ●●
Geschmacksrichtung: ●●
Kalorien (pro Portion): 526
Proteine (pro Portion): 40
Lipide (pro Portion): 23
Nährwert: ●●

1 Die in der Schale gekochten Kartoffeln heiß pellen, passieren und auskühlen lassen. Mit dem Mehl und einem Ei zum einem Teig verkneten (bei Bedarf ein zweites dazuschlagen): Dünn ausrollen und mit dem Rädchen in ca. 10 cm breite Quadrate teilen.

2 Den vorher gesäuberten, gewaschenen Spinat (der Tradition entsprechend wäre Wildspinat vorzuziehen) nur mit dem anhaftenden Wasser dünsten, bis er zerfällt. Gut ausdrücken, hacken und mit 1 Prise Salz kurz in 30 g geschmolzener Butter schwenken. In kleinen Häufchen auf die Teigstücke setzen, die zugeklappt und an den Rändern angedrückt werden: Die "Ciaronciè" in der restlichen zerlassenen Butter und 3-4 EL Öl in der Pfanne garen; sofort heiß, mit Käse bestreut servieren.

1

2

Ravioli aus dem Pustertal

1 Den geputzten und gewaschenen Spinat nur mit dem anhaftenden Wasser dünsten, abgießen, ausdrücken und hacken. Die sehr fein zerschnitzelte Zwiebel mit 20 g zerlassener Butter in der Pfanne anrösten. Den Spinat dazugeben, salzen und mit Kümmel bestreut Würze aufnehmen lassen, dann vom Feuer nehmen. Das Mehl aufschütten, eine Mulde eindrücken und das Ei aufschlagen; mit der restlichen erwärmten Butter und einer Prise Salz und nach und nach mit wenig lauer Milch zu einem elastischen Teig verarbeiten. Kurz rasten lassen.

2 Sehr dünn ausrollen und in zwei gleich große Teigblätter teilen. Eines wird im Abstand von ca. 4-5 cm mit haselnußgroßen Spinatkugeln belegt, dann mit dem zweiten abgedeckt. Den Teig um die Füllung leicht andrücken und mit dem Rädchen Ravioli ausstechen. Das Schweineschmalz langsam in der Pfanne schmelzen (es darf nicht rauchen) und die Ravioli auf beiden Seiten garbräunen. Auf Küchenkrepp das überschüssige Fett abtropfen lassen und sofort auftragen.

350 g Roggenmehl
700 g Spinat
1/2 Zwiebel
1 Ei
3 dl Milch (ca.)
Kümmel
40 g Butter, Salz
40 g Schweineschmalz

Portionen: 4
Vorbereitungszeit: 30′ + 15′
Kochzeit: 30′
Schwierigkeitsgrad: ●●●
Geschmacksrichtung: ●●
Kalorien (pro Portion): 816
Proteine (pro Portion): 66
Lipide (pro Portion): 25
Nährwert: ●●●

1

2

Ravioli für Vegetarier

"Schlutzkrapfen"

Für den Teig
250 g Roggenmehl
200 g Weizenmehl
(und etwas mehr
für die Arbeitsplatte)
2 Eier
6 g Schmalz
Salz

Für die Füllung
800 g Spinat
1 kleine Zwiebel
10 g Mehl
ca. 1,5 dl Milch
Petersilie
40 g Reibkäse (Grana)
aus Trient (und ein wenig
mehr zum Anrichten)
Muskatnuss
Salz und Pfeffer
100 g Butter

Portionen: 4
Vorbereitungszeit: 40'+1h
Kochzeit: 30'
Schwierigkeitsgrad: ●●●
Geschmacksrichtung: ●●
Kalorien (pro Portion): 1025
Proteine (pro Portion): 81
Lipide (pro Portion): 34
Nährwert: ●●●

Blick auf Cortina d'Ampezzo.

1 Das Mehl in eine Schüssel sieben, die aufgeschlagenen Eier, das Schmalz und eine Prise Salz zufügen und mit etwas lauwarmem Wasser zu einem geschmeidigen Teig verkneten. Zudecken und eine Stunde ruhen lassen. Den Spinat waschen, in wenig Wasser abkochen, ausdrücken und zusammen mit einem Sträußchen Petersilie fein hacken.

2 Die Zwiebel hacken und in 30 g Butter in der Pfanne andünsten. Den gehackten Spinat und die Petersilie zugeben, mit Mehl bestäuben und kurz durchziehen lassen. Die kochende Milch zugießen, umrühren und auf kleiner Flamme 10 Minuten eindicken lassen. Mit Salz, Pfeffer, einer Prise Muskatnuss und dem Reibkäse würzen.

1

3 Die Herdstelle ausschalten und die Füllung erkalten lassen. Den Teig auf der Arbeitsplatte noch einmal kurz durchkneten und dünn ausrollen. Aus der Teigplatte viele Kreise von 11 cm Durchmesser ausstechen (den Verschnitt wieder ausrollen), nach und nach mit Mehl bestäuben und in die Mitte ein wenig von der Füllung setzen.

2

4 Die Kreise zu Halbmonden umklappen und die angefeuchteten Ränder festdrücken, noch einmal mit Mehl bestäuben und mit dem Zahnrädchen darüber fahren. Die Ravioli in kochendem Salzwasser 5 Min. kochen und, sobald sie an die Oberfläche kommen, herausnehmen. Gut abtropfen lassen und mit zerlassener Butter und reichlich geriebenem Käse servieren.

3
4

GRÜNE SPÄTZLE

700 g Blattspinat
300 g Mehl
(und etwas mehr
für die Arbeitsplatte)
150 g Speck
1,5 dl Milch
3 Eier
Weißwein (ein Glas)
Muskatnuss
Geriebener Grana aus Trient
(zum Anrichten)
Salz und Pfeffer
60 g Butter

Portionen: 4	
Vorbereitungszeit: 40'+1h	
Kochzeit: 25' ca.	
Schwierigkeitsgrad: ●●●	
Geschmacksrichtung: ●●	
Kalorien (pro Portion): 960	
Proteine (pro Portion): 80	
Lipide (pro Portion): 40	
Nährwert: ●●●	

1 Den Spinat waschen, in wenig Salzwasser abkochen, ausdrücken, fein hacken und in eine Schüssel geben. Die aufgeschlagenen Eier, Mehl, Milch, Salz, Pfeffer und ein wenig abgeriebene Muskatnuss zufügen, alles mit einem Holzlöffel verrühren, bis eine gleichmäßige, nicht zu feste Masse entsteht ca. 1 St. ruhen lassen.

2 Die Masse nach und nach durch ein grobes Sieb treiben (oder ein Spätzle-Gerät benutzen) und die fertigen Spätzle in reichlich kochendem Salzwasser garen.

3 Die Spätzle mit dem Schaumlöffel herausheben, sobald sie an die Oberfläche steigen, und anschließend sofort in kaltes Wasser tauchen.

4 Den gehackten Speck mit 20 g zerlassener Butter in einer Pfanne anrösten, ein Glas Weißwein zugießen und fast ganz verdunsten lassen. Salzen und pfeffern und die restliche Butter darin zergehen lassen. Die Spätzle hineingeben, reichlich mit Reibkäse bestreuen und unter Umrühren alles kurz durchziehen lassen. Sofort servieren.

1

2

Der Giaupass mit dem Nuvolau, ein Gebiet mit bequemen Wanderwegen.

3

4

Suppen, Nudeln und Brot

Unsere Auswahl an Suppen, Nudelgerichten und Spätzle ist trotz aller Mühe bei weitem nicht erschöpfend, insofern als das Angebot ungemein reichlich und vielseitig ist (diesen Satz werden wir wohl noch oft wiederholen müssen). Die Dolomitensuppen sind, wie Sie sicher schon feststellen konnten, deftig, naturrein und gehaltvoll, und bestehen aus einfachen Zutaten, die jeder Haushalt zur Verfügung hat: Mehl, Brot, Eier, Brühe, Milch und nicht viel mehr. Nehmen wir etwa die Freggelesuppe aus dem Eisacktal, bei der die Fleischbrühe mit Mehl, gerösteter Zwiebel und verquirltem Ei angereichert wird, oder die Frittaten, feine Pfannkuchenstreifchen aus Milch, Mehl und Ei. Während bei der Holzfällersuppe auf Seite 20 die Hülsenfrüchte, in diesem Fall Bohnen, zusammen mit Fleisch und Speck neue Kraft geben, fällt diese Aufgabe bei der mit Möhren, Sellerie und Kartoffeln zubereiteten Gestensuppe diesem Energie spendenden Korn zu, wobei ein wenig Mehl und ein Guss Kochsahne dem Gericht die richtige Konsistenz verleihen. Nachdem wir von dem sehr beliebten Ochsenkloa gekostet haben, einem großen gebackenen Kloß aus Roggen- und Weizenmehl mit Anisduft, der in Fleischbrühe serviert wird, machen wir einen Sprung ins Venostatal, um die Vinschger Brotsuppe zu probieren, in Zwiebel geröstete Brothäppchen in Fleischbrühe, verfeinert mit Pfeffer und Petersilie. Doch dürfen wir uns nicht lange aufhalten, denn schon erwarten uns eine köstlich cremige Milchsuppe aus Buchweizenmehl und das dicke Mus aus Weizenmehl und zerlassener Butter, das am besten direkt aus dem Topf schmeckt. Eine Spezialität in Welschnofen/Nova Levante am Fuß des Catinaccio ist die mit Vollkornbrot und Roggenmehl zubereitete Schuffa, und in einer anderen Friggelesuppe (nicht zu verwechseln mit den zuvor genannten) schwimmenden "Perlen" aus Maismehl, die – ähnlich wie in der Beschreibung des Eingetropften auf Seite 21 – wie Wassertropfen vom Finger herabfallen.

Was für die Suppen gilt, auf die wir noch zurückkommen werden, wenn wir über Fleischgerichte sprechen – gilt auch für die hausgemachten gefüllten Teigwaren, die Nockerl und Knödel, von denen im Folgenden die Rede sein wird. Neben den Ravioli und gefüllten Teigtaschen, gekocht oder gebacken, die hier beschrieben sind, unter anderem die Schlutzkrapfen auf S. 26, stellen wir noch die Tirtlen aus dem Eisacktal vor, deren Bezeichnung fast identisch ist mit den gebackenen Tirtlen aus dem Pustertal auf Seite 75, Teigtaschen aus Roggen- und Weizenmehl, vermischt mit Kartoffeln, Zwiebeln, Milch und Butter, und je nach Position in der Gangreihenfolge gefüllt mit Spinat, Quark, Sauerkraut oder Marmelade. Als Spezialität der Dolomiten bei Belluno gelten neben den "Casunziei" auf Seite 23 im Agordotal – insbesondere in Falade und Canale d'Agordo – die sog. "Lasagne da Fornèl", grob geschnittene Bandnudeln, die, aufgeschichtet und mit Mohnsamen, Erd- und Walnüssen, Butter, Zucker, Zimt und Rosinen angerichtet, in der Röhre gebacken werden.

Nachdem wir im Eisacktal uns an Erdäpfelblattlen gelabt haben, mit Mehl, Butter, Ei und Muskatnuss zubereiteten Kartoffelklößen, die frittiert und mit Sauerkraut serviert werden, und dann noch die Topfenblattlen aus Quark, Mehl, Butter, Ei und Kümmel gekostet haben, wenden wir uns nun dem unendlichen Nockerlparadies zu. Neben den Rezepten, die Sie in diesem Buch finden, dürfen Sie nicht versäumen, auch die vorzüglichen länglichen Nockerl aus Weißbrot, Milch, Mehl, Ei und Petersilie zu probieren, die wie andere Knödel mit den verschiedensten Zutaten (rote Beete, Sauerkraut, Käse, Buchweizenmehl, Brennnessel oder Spinat) abgewandelt werden können und mit Butter und Käse serviert werden, oder die Schwarzplentener Spätzle mit einem Teig aus Buchweizen- und Weizenmehl, Ei, Pfeffer und Muskatnuss, der dann auf einer Reibe abgeschabt wird. Zum Abschluss der Mahlzeit dann eine der vielen Süßspeisen in Form von Schmalznockerl aus Weizen- und Maismehl, vermischt mit Brot, Eiern, Zucker, Hefe und Rosinen, die mit Butter angerichtet werden.

Kommen wir nun zum Brot, nicht nur, weil es eine Zierde auf der Dolomiten-Tafel darstellt, sondern auch weil es einen Hauptbestandteil der Knödel bildet, über die wir im Folgenden sprechen wollen. Der Müller- und Bäckerberuf hat in dieser Gegend eine uralte Tradition, die intakt zu uns gelangt ist und sich ständig bereichert hat, sodass hier tagtäglich eine unendliche Menge an Brotsorten aus dem Backofen kommt: Weißbrot und Schwarzbrot aus verschiedenen Getreidesorten, Laibe in den seltsamsten Formen, deftig und fein, süß und salzig, für den täglichen Gebrauch und für Festlichkeiten, duftende Brote, hergestellt mit handwerklichen Methoden, die sich durch die Jahrhunderte erhalten haben.

Aus der Reihe der Brotprodukte, die speziell in den Dolomiten zu Hause sind, sei das dunkle Breatl aus dem Pustertal erwähnt, ein würziges und leicht säuerliches Brot, ferner das weiche Puces aus den ladinischen Tälern, für das zu gleichen Teilen Roggen- und Weizenmehl verwendet wird, das harte Schüttelbrot vom Hohen Schlern, eine Art runder Fladen aus hellem Roggenmehl mit einem kleinen Prozentsatz zartem Weizenmehl, Fenchelsamen, Kümmel und Sauerampfer, dessen Name daher rührt, dass der Teig kurz, bevor er aufgegangen ist, traditionsgemäß mit Holzstäben geschlagen und dann erst in den Backofen geschoben wird. Werfen wir noch einen Blick auf die anderen Südtiroler Gegenden. Da finden wir im Ultental die kleinen doppelten Bauernbrötchen, sog. Bauernpaarl aus Roggenmehl mit Fenchelsamen, Kümmel und Sauerampfer; im gleichen Tal, südwestlich von Meran, wird das weiche Pindl gebacken, ein Brot aus Roggen- und Weizenvollkornmehl, ebenfalls mit dem Aroma von Kümmel und Sauerampfer. Aus dem parallel verlaufenden Venostatal, der Heimat der Brotspezialitäten, kommen der weiche Fela Struzn, in dessen Teig Schmalz (Felen) verarbeitet wird und dessen typische Hufeisenform an den Vinschgauer Struzn erinnert, der aus Roggen- und Weizenmehl, Feigen und Rosinen, Anisaroma und Fenchelsamen, Kümmel und Sauerampfer hergestellt wird; die gleichen Gewürze enthält auch das Palabirabrot und das Apfelbrot, flache Brote aus Roggen- und Weizenmehl, Zimt und Zitrone, die zusätzlich noch jeweils mit getrockneten Birnen und Äpfeln verfeinert werden.

In ganz Südtirol verbreitete Brotsorten sind der beliebte Schwarze Weggen, ein längliches Brot aus dunklem Roggenmehl und zartem Weizenmehl, die flachen Doppelbrötchen, sog. Paarl, aus Roggenmehl mit Kleie und ein wenig Weizenmehl. Diese zarten und würzigen Brötchen als alter Tradition wurden früher vornehmlich auf Berghöfen und in Klöstern gebacken. Ähnlich in Form und Geschmack sind die so genannten ofengedörrten Paarl, wogegen die Vollkornpaarl neben Roggen- und Weizenmehl noch so gesunde Zutaten enthalten wie Haferflocken, Leinsamen, Sonnenblumenkerne, Fenchel, Kümmel und Sauerampfer. Ganz anders als das rustikale Hirtenbrot aus Roggen- und Weizenvollkornmehl mit dem Duft von Fenchel und Sauerampfer schmeckt die im 19. Jahrhundert von Wiener Bäckern eingeführte feine Kaisersemmel, deren zarter Teig reich an Glutin ist und mit Schmalz, Butter und Milch zubereitet wird. Unvergleichlich zart und weich ist der Vorschlag, ein Brotlaib aus feinstem Roggenmehl, das mit einem leichten Fenchelsamen-Aroma verfeinert wird. Mit Vorschlag-Paarl bezeichnet man einen doppelten Roggenbrotlaib mit ein wenig Kleie und Weizenmehl, bei dem, wie immer, Fenchel, Kümmel und Sauerampfer die besondere Würze abgeben. Zum Schluss noch die Fastenbrezel, die in mehreren Arbeitsphasen aus Weizenmehl und Malz und der Zugabe von Schmalz zubereitet werden. Aus dem Teig wird ein Strang gezogen, der in Stücke geschnitten, dann zu einer "8" geformt und kurz in kochendem Wasser gebrüht wird.

Der Wildbach Cordevole trennt die Westdolomiten von den Ostdolomiten.

Spinatknödel

250 g altbackenes Weißbrot
700 g Spinat
ca. 1,5 dl Milch
1 kleine Zwiebel
1 Knoblauchzehe
2 Eier
40 g Semmelbrösel
Muskatnuss
Geriebener Grana aus Trient (zum Anrichten)
Salz und Pfeffer
90 g Butter

Portionen: 4
Vorbereitungszeit: 30'+15'
Kochzeit: 30'
Schwierigkeitsgrad: ●●
Geschmacksrichtung: ●●
Kalorien (pro Portion): 792
Proteine (pro Portion): 71
Lipide (pro Portion): 33
Nährwert: ●●●

1 Das Brot in Würfel schneiden und in einer Schüssel in lauwarmer Milch einweichen. Den Spinat putzen und waschen und tropfnass in ganz wenig kochendes Salzwasser geben, kurz abkochen, abgießen, ausdrücken und fein hacken. Knoblauch und Zwiebel hacken und in 30 g zerlassener Butter in der Pfanne glasig andünsten. Den Spinat dazugeben und 5 Minuten sacht durchziehen lassen.

2 Das Brot ausdrücken und in eine Terrine umfüllen. Spinat, Eier, Semmelbrösel, Salz, Pfeffer und einen Hauch Muskatnuss hinzufügen und alles sorgsam vermischen. Den Teig eine Viertelstunde stehen lassen, dann 16 Knödel (4-5 cm Durchmesser) daraus formen und in reichlich Salzwasser 15 Minuten kochen. In der Zwischenzeit in einem Pfännchen die restliche Butter zergehen lassen, bis sie goldgelb ist. Die abgegossenen Knödel kurz darin wenden und mit Reibkäse bestreuen. Die Knödel als ersten Gang oder mit grünem Salat und Käse servieren. Sie eignen sich aber auch als Beilage zu einem kräftigen Gulasch (in diesem Fall sollten sie nicht zu reichlich angerichtet sein).

Und hier ein Tipp, damit die Knödel beim Kochen nicht aufplatzen. Lassen Sie sie bei mäßiger Hitze sacht köcheln.

1

2

Steinpilzknödel

250 g altbackenes Weißbrot
350 g frische Steinpilze
1 kleine Zwiebel
1 Knoblauchzehe
3 Eier
ca. 2 dl Milch
Petersilie
40 g Mehl
Grüne Salatblätter
und Blumenkohlspitzen
(als Beilage)
Geriebener Grana aus Trient
(zum Anrichten)
Salz und Pfeffer
80 g Butter

Portionen: 4
Vorbereitungszeit: 30'+15'
Kochzeit: 30'
Schwierigkeitsgrad: ●●
Geschmacksrichtung: ●●
Kalorien (pro Portion): 626
Proteine (pro Portion): 26
Lipide (pro Portion): 31
Nährwert: ●●●

Das Brot in Würfel schneiden und in einer Schüssel in lauwarmer Milch einweichen. Die Pilze abschaben und mit einem feuchten Tuch abreiben, möglichst nicht waschen. Die Zwiebel in 20 g zerlassener Butter glasig dünsten. Die abgezogene und zerdrückte Knoblauchzehe, ein Sträußchen gehackte Petersilie, die klein geschnittenen Pilze, Salz und Pfeffer zufügen und alles sacht durchziehen lassen.
Das Brot ausdrücken und in eine Terrine umfüllen. Die Eier, die Pilze mit dem Sud (Knoblauch herausnehmen), das Mehl, Salz und Pfeffer zufügen und alles gut vermischen. Den Teig eine Viertelstunde ruhen lasen, dann 16 Klöße (3-4 cm Durchmesser) daraus formen und in reichlich Salzwasser 15 Minuten kochen. In der Zwischenzeit die restliche Butter in einem Pfännchen zergehen lassen, bis sie goldgelb ist. Die abgegossenen Knödel kurz darin wenden, mit Reibkäse bestreuen und mit grünem Salat und abgekochten Blumenkohlröschen (oder Spinat) servieren. Die Knödel eignen sich als Einzelgericht ebenso wie als Beilage (in diesem Fall nicht zu reichlich angerichtet) zu Fleisch oder Wild.

Buchweizenknödel mit Käse

250 g altbackenes Brot
150 g Käse
(Puzzone di Moena)
120 g Buchweizenmehl
30 g Weizenmehl
1 Ei
1 Schalotte
1,5 dl Milch
Schnittlauch
Balsamessig
(als Dressing)
Sauerkraut
und Wacholderbeeren
(als Beilage)
Salz und Pfeffer

Portionen: 4
Vorbereitungszeit: 30'+15'
Kochzeit: 15'
Schwierigkeitsgrad: ●●
Geschmacksrichtung: ●●
Kalorien (pro Portion): 571
Proteine (pro Portion): 26
Lipide (pro Portion): 19
Nährwert: ●●●

Das Brot in Würfel schneiden und in einer Schüssel in lauwarmer Milch einweichen. Ausdrücken (die Milch aufheben) und in eine Terrine umfüllen. Die Schalotte (einschließlich des grünen Teils) und ein Sträußchen Schnittlauch fein hacken. Das Ei, die Schalotte, den Schnittlauch, den entrindeten und fein gehackten Käse, beide Mehlsorten, Salz und Pfeffer zugeben und alles sorgfältig vermischen. Eventuell ein wenig Milch zugießen, sodass eine glatte und recht feste Masse entsteht. Den Teig eine Viertelstunde ruhen lassen.
Dann 16 Knödel (4-5 cm Durchmesser) formen und in reichlich Salzwasser 15 Minuten kochen. Abgießen und mit einem Guss Balsamessig (oder auch mit Butter und Käse) anrichten und dazu Sauerkraut mit Wacholderbeeren (oder in Rotwein sautierten Weißkohl) reichen.

Fleischklößchen in Bouillon

250 g altbackenes Weißbrot
130 g Hackfleisch vom Kalb
120 g Hackfleisch vom Schwein
2 Eier
1 Kartoffel
1/2 Zwiebel
1 Knoblauchzehe
1,5 dl Milch
30 g Mehl
Petersilie und Majoran
Schnittlauch (zum Garnieren)
Zitronenschale
ca. 1,3 l Rindfleisch- oder Hühnerbrühe (zum Servieren)
Salz und Pfeffer
25 g Butter

Portionen: 4
Vorbereitungszeit: 30'+15'
Kochzeit: 40'
Schwierigkeitsgrad: ●●
Geschmacksrichtung: ●●
Kalorien (pro Portion): 556
Proteine (pro Portion): 32
Lipide (pro Portion): 20
Nährwert: ●●●

Das Brot in Würfel schneiden und in einer Schüssel in lauwarmer Milch einweichen. Zwiebel und Knoblauch abziehen, fein hacken und in der zerlassenen Butter glasig andünsten. Das Hackfleisch mit Salz und Pfeffer würzen und etwa zehn Minuten anrösten.

Die Kartoffel waschen, kochen, pellen, mit dem Kartoffelstampfer zu Brei stoßen und in eine Terrine geben. Das ausgedrückte Brot, das Mehl, das Fleisch, die Eier, ein Sträußchen gehackte Petersilie, ein paar Blättchen Majoran und die abgeriebene Zitronenschale hinzufügen, nochmals mit Salz und Pfeffer nachwürzen und alles gut verkneten.

Den Teig eine Viertelstunde ruhen lassen, dann 20 Klößchen (5 pro Person, 2,5-3 cm Durchmesser) daraus formen und in reichlich Salzwasser 15 Minuten kochen. Abgießen und mit der guten Fleischbrühe servieren. Vor dem Auftragen mit fein gehacktem Schnittlauch bestreuen.

300 g altbackenes Weißbrot
3 Eier
1 kleine Zwiebel
20 g Mehl
20 g Paniermehl
2 dl Milch
Muskatnuss
Petersilie
Schnittlauch (zum Garnieren)
ca. 1,3 l Fleisch- oder Hühnerbrühe (zum Servieren)
Salz und Pfeffer
60 g Butter

Portionen: 4
Vorbereitungszeit: 30'+30'
Kochzeit: 25'
Schwierigkeitsgrad: ●●
Geschmacksrichtung: ●●
Kalorien (pro Portion): 580
Proteine (pro Portion): 20
Lipide (pro Portion): 26
Nährwert: ●●●

Semmelknödel in Bouillon

Die Zwiebel fein hacken, mit 30 g zerlassener Butter in einem Pfännchen glasig dünsten und abkühlen lassen. Das Brot in Würfel schneiden und in einem anderen Pfännchen in 30 g zerlassener Butter goldgelb rösten, abtropfen lassen und in eine Terrine umfüllen. Die mit lauwarmer Milch verquirlten Eier, ein Sträußchen gehackte Petersilie, Salz, Pfeffer und eine Prise Muskatnuss zufügen. Zum Schluss die Zwiebel dazugeben, umrühren und eine Viertelstunde ruhen lassen. Das Mehl und das Paniermehl einrühren und alles gut verkneten. Die Masse weitere 15 Minuten ruhen lassen, dann 20 Knödel (2,5-3 cm Durchmesser) formen und in reichlich Salzwasser 15 Minuten kochen. Abgießen und mit der heißen Brühe servieren. Vor dem Auftragen mit gehacktem Schnittlauch bestreuen.

Eine Alternative sind die zarten Grießklößchen mit Milch und Reibkäse, die ebenfalls in Fleischbrühe vorzüglich schmecken.

Kartoffelklösse

Vier Kartoffeln waschen, nicht zu weich kochen, warm pellen und mit dem Kartoffelstampfer in einer Terrine zu Brei stoßen. Die andere Kartoffel schälen, roh reiben und dazufügen. Das Mehl, das Ei, den Grieß, Salz, Pfeffer und einen Hauch Muskatnuss zu der Kartoffelmasse geben und alles gut vermischen. Den Teig eine Viertelstunde ruhen lassen, dann 16 Klöße (4-5 cm Durchmesser) daraus formen und in reichlich Salzwasser 15 Minuten kochen. In der Zwischenzeit die Butter in einem Pfännchen zergehen lassen, bis sie goldgelb geworden ist. Die abgegossenen Klöße damit begießen, mit Reibkäse bestreuen und mit Käsestreifen und Salat (oder gekochtem Gemüse) servieren. Sie eignen sich auch als Beilage zu Fleisch und Wild, in diesem Fall sollten sie nicht zu reichlich angerichtet sein. Ein typisches Gericht aus dem oberen Eisacktal, das inzwischen überall in den Dolomiten anzutreffen ist.

5 Kartoffeln (ca. 600 g)
100 g Mehl
1 Ei
20 g Grieß
Muskatnuss
160 g Käse (Spressa delle Giudicarie, oder Asiago, oder ein anderer halbgelagerter Käse, als Beilage)
Grüner Salat oder Radicchio (als Beilage)
Reibkäse (Grana aus Trient) (zum Anrichten)
Salz und Pfeffer
60 g Butter

Portionen: 4
Vorbereitungszeit: 30'+15'
Kochzeit: 35'
Schwierigkeitsgrad: ●●
Geschmacksrichtung: ●●
Kalorien (pro Portion): 466
Proteine (pro Portion): 26
Lipide (pro Portion): 34
Nährwert: ●●●

Speckklösse in Bouillon

300 g altbackenes Weißbrot
150 g Speck (am Stück)
1 Zwiebel
3 Eier
2-3 dl Milch
(siehe nebenstehend)
80 g Mehl
Petersilie
Schnittlauch
(zum Garnieren)
ca. 1,2 l fertige Fleisch- oder Hühnerbrühe
(zum Servieren)
Salz; 30 g Butter

Portionen: 4
Vorbereitungszeit: 30'+45'
Kochzeit: 20'
Schwierigkeitsgrad: ●●
Geschmacksrichtung: ●●
Kalorien (pro Portion): 769
Proteine (pro Portion): 30
Lipide (pro Portion): 40
Nährwert: ●●●

1 Das Brot in einer Terrine zerbröckeln und den in kleine Würfel geschnittenen Speck dazufügen. Die mit 2 dl lauwarmer Milch verquirlten Eier und ein Sträußchen fein gehackte Petersilie hineingeben und eine halbe Stunde ruhen lassen.

2 Die Zwiebel häuten, fein hacken und in einem Pfännchen in der zerlassenen Butter glasig andünsten. Das Mehl, das Salz und nach Bedarf die restliche Milch zugeben, alles zu einer gleichmäßigen klebrigen Masse verkneten und eine Viertelstunde ruhen lassen. 8 Große Klöße (6,5-7 cm Durchmesser) daraus formen und in reichlich Salzwasser 15 Minuten kochen. Mit der heißen Brühe servieren und vor dem Auftragen mit fein gehacktem Schnittlauch bestreuen.

1

2

WILD UND FLEISCH

Schmackhafte Hauptgerichte auf der Grundlage von Wild, die legendäre Zeiten wachrufen, in denen die Täler und Berghänge der Dolomiten Schauplatz unvergesslicher Jagdpartien gewesen sind, wechseln ab mit deftigen einfachen Bauerngerichten und köstlichen Hausrezepten, die, ein wenig komplizierter und aufwendiger in der Zubereitung, fröhlichen Festen die besondere Note schenken, in einem Land, das gutes Fleisch wie auch fachmännisch hergestellte, ausgezeichnete Wurstwaren zu schätzen weiß.

3

Mariniertes Rehgulasch mit Preiselbeeren

1 Am Vorabend das Rehfleisch in Gulaschstücke schneiden und mit den Gewürzen (ein zerpflücktes Lorbeerblatt, je ein Zweiglein Majoran und Thymian und die Wacholderbeeren) in eine Terrine geben, eine Prise Salz darüber streuen, reichlich mit Wein bedecken und über Nacht marinieren.

2 Am folgenden Morgen die Zwiebel fein hacken. Den Speck klein schneiden und in einer Kasserolle auslassen (nicht anrösten). Die Zwiebel hinzufügen und glasig werden lassen. Die abgetropften Fleischstücke leicht in Mehl wenden und ebenfalls in die Kasserolle geben (den Wein nicht weggießen).

3 Alles sacht anbraten, bis das Fleisch eine gleichmäßige Farbe angenommen hat. Dann ein Glas Wein von der Marinade zufügen, den Deckel aufsetzen und langsam zum Kochen bringen. Vorsichtig mit Salz und Pfeffer nachwürzen und bei Bedarf noch ein wenig Wein zugießen.

4 Nach Ende der Garzeit das Fleisch aus der Kasserolle nehmen, auf eine Vorlegeplatte legen und warm stellen. Den Bratenfond mit der Butter auf schwacher Flamme lösen, in ein kleines Töpfchen filtrieren, die Sahne unterrühren und die Sauce sacht eindicken lassen. Das Rehgulasch mit der Sauce übergießen. Dazu Preiselbeermarmelade und kleine Semmelknödel reichen.

1

2

700 g Rehschulter
(ein bündiges Stück)
80 g fetter Speck
(am Stück)
1 Zwiebel
5 Wacholderbeeren
Lorbeer, Majoran, Thymian
20 g Mehl
2,5 dl Sauerrahm

1 l Rotwein
Preiselbeermarmelade
und kleine Semmelknödel
(als Beilage)
Salz und Pfeffer
20 g Butter

Portionen: 4
Vorbereitungszeit.: 20′+12h
Kochzeit: 1h
Schwierigkeitsgrad: ●●●
Geschmacksrichtung: ●●
Kalorien (pro Portion): 809
Proteine (pro Portion): 32
Lipide (pro Portion): 60
Nährwert: ●●●

3

4

Fasan mit Polenta

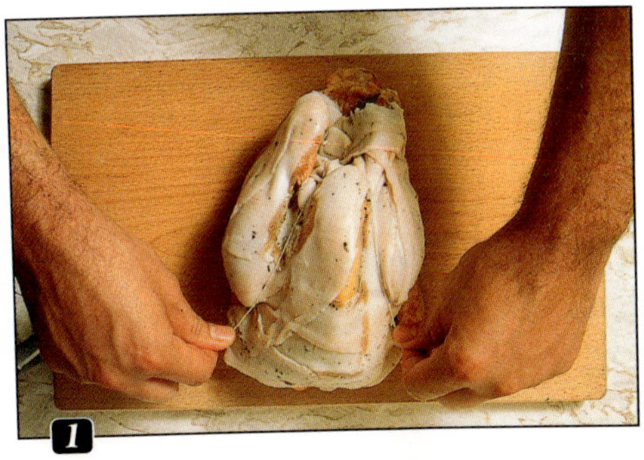

1

1 Der Fasan muss gut abgehangen und küchenfertig, das heißt, gerupft, ausgenommen, ohne Kopf und Füße, abgeflammt, gewaschen und trocken getupft sein. Innen und außen mit Salz und Pfeffer einreiben, mit Schmalz bestreichen, mit Speckscheiben umwickeln und diese fest um den Vogel binden.

2

2 Die Backröhre auf 180 °C einstellen und einschalten. Den Fasan mit 50 g zerlassener Butter begießen, in den Bräter legen und in den Backofen schieben. Ab und zu mit dem Bratenfond übergießen.

3

3 Nach 40 Minuten Garzeit das geputzte, gewaschene und in feine Ringe geschnittene Suppengemüse dazu legen. Den Fasan wieder in den Ofen schieben und immer wieder mit dem Fond begießen.

4

4 Ungefähr 10 Minuten vor Ende der Garzeit (insgesamt 1 1/4 Stunden) den Fasan losbinden; die Speckscheiben abnehmen, in Streifchen schneiden und um den Vogel legen. Den Bräter wieder in die Röhre geben, bis der Fasan, vor allem die Brust, eine goldbraune Farbe angenommen hat (dabei ständig mit dem Fond übergießen). Dann den Vogel herausnehmen, ein wenig abkühlen lassen und zerlegen. Die Geflügelteile auf einer vorgewärmten Vorlegeplatte anrichten, das Gemüse und die knusprigen Speckscheiben darum legen, und alles mit dem mit der restlichen Butter verlängerten Bratenfond beträufeln. Dazu heiße Polenta reichen.

1 Fasan (möglichst ein Weibchen), ca. 1,3 kg ca.
120 g fetter Speck (dünne Scheiben)
1 Karotte
1 Porreestange (nur der weiße Teil)
1/2 Stange Sellerie
Polenta (als Beilage)
Salz und Pfeffer
20 g Schmalz
90 g Butter

Portionen: 4
Vorbereitungszeit: 25'
Kochzeit: 1h 30'
Schwierigkeitsgrad: ●●●
Geschmacksrichtung: ●●
Kalorien (pro Portion): 870
Proteine (pro Portion): 46
Lipide (pro Portion): 71
Nährwert: ●●●

Ein typisches Haus in Pecol di Zoldo.

Gefüllte Gans

1 Die Gans muss küchenfertig (das heißt, gerupft, ausgenommen, abgeflammt, gewaschen und trocken getupft) sein. Innen und außen mit Salz einreiben; in die Bauchhöhle einen Hauch Pfeffer streuen und je ein Zweiglein Majoran und Thymian hineinlegen.

2 Die Äpfel schälen, vierteln und das Gehäuse herausschneiden; die Äpfel in Spalten und diese in Stücke schneiden und die Gans prall damit füllen. Die Bauchlappen mit Küchengarn zunähen, damit die Gans die Form behält. Die Backröhre auf 180 °C einstellen und einschalten.

3 Die gefüllte Gans in einen großen Bräter legen, mit 4 dl Brühe übergießen, den Deckel aufsetzen und in die Backröhre schieben. Das Tier oft mit dem Bratensaft übergießen und zweieinhalb Stunden braten lassen. In der letzten halben Stunde den Deckel abnehmen. Nach beendeter Garzeit die Gans aus dem Bräter nehmen, auf eine Vorlegeplatte legen und warm stellen. Den Bratenfond mit Butter verlängern, in ein Töpfchen filtrieren, die restliche Brühe hinzufügen und auf kleiner Flamme eindicken lassen. Die Gans losbinden, in Portionsstücke zerlegen und servieren. Dazu die Sauce und die gekochten Kastanien, oder aber Reis oder Weinkraut reichen.

Buchenstein-Tal: Panorama von der Porta Vescovo oberhalb von Arabba.

1 Junggans (ca. 3 kg), küchenfertig
4-5 schöne grüne Äpfel
Majoran und Thymian
6 dl (fertige) Hühner- oder Rindfleischbrühe
ca. 50 gekochte und geschälte Kastanien (als Beilage)
Salz und Pfeffer
20 g Butter

Portionen: 8
Vorbereitungszeit: 30′
Kochzeit: 2h 30′
Schwierigkeitsgrad: ●●●
Geschmacksrichtung: ●●
Kalorien (pro Portion): 992
Proteine (pro Portion): 38
Lipide (pro Portion): 82
Nährwert: ●●●

3

Kaninchen ▸ auf Trientiner Art

1 Eine halbe Stunde vor dem Kochen 1 Lorbeerblatt, Wacholderbeeren, Rosmarinnadeln, Kümmel und eine Prise Muskatnuss in einem halben Glas Wein marinieren. Das küchenfertige Kaninchen in Stücke teilen (Leber beiseite legen); die gehackte Zwiebel mit dem Speck, einem nussgroßen Stück Butter und 4-5 EL Olivenöl anschwitzen, das Kaninchenfleisch dazugeben und sachte dünsten. Mit 1 Glas Wein ablöschen und, bevor dieser vollständig verdunstet ist, die marinierte Kräuter-Gewürzmischung dazufügen.

2 Salzen und pfeffern, bei schwächster Hitze köcheln lassen, und nur bei Bedarf mit etwas Brühe aufgießen. Mittlerweile Zwiebel und Karotte hacken, in einem Töpfchen mit 2-3 EL Öl und etwas zerschnittener Petersilie weich dünsten, die Leber mitrösten, je einen Löffelvoll Tomatenpüree und mit etwas Brühe befeuchtetes Mehl darunterrühren und sachte eindicken lassen. Nach ca. einer Dreiviertelstunde die Lebersauce mit dem Kaninchenfleisch vermengen und, stets bei schwacher Hitze, weitere 45 Minuten garen.

700 g Schweinenacken (ein bündiges mageres Stück)
200 g Pfifferlinge
1 Knoblauchzehe
Petersilie
ca. 2 dl (fertige) Fleischbrühe
Rotwein
Polenta oder Semmelknödel (als Beilage)
Salz und Pfeffer
30 g Butter
Olivenöl

Portionen: 4
Vorbereitungszeit: 15′
Kochzeit: 1h ca.
Schwierigkeitsgrad: ●●
Geschmacksrichtung: ●●
Kalorien (pro Portion): 476
Proteine (pro Portion): 36
Lipide (pro Portion): 28
Nährwert: ●●●

Schweinebraten mit Pfifferlingen

Die Pilze putzen, mit einem feuchten Tuch abreiben (nur im Bedarfsfall waschen) und bereit stellen. Das Fleischstück gegebenenfalls zubinden, damit es die Form behält, und mit Salz und Pfeffer würzen. Die zerlassene Butter und 2 Esslöffel Öl in einer Bratpfanne erhitzen und das Fleisch unter ständigem Wenden rundum gleichmäßig anbraten. Ein halbes Glas Wein zugießen, auf starker Flamme verdampfen lassen, dann die Herdstelle herunterdrehen und die fein gehackte Petersilie mit dem Knoblauch zufügen. Die Bratpfanne zudecken und das Fleisch sacht garen lassen; ab und zu einen Guss Brühe zugießen. Nach einer halben Stunde die klein geschnittenen Pilze hineingeben, die Pfanne wieder zudecken, eventuell noch mit Salz und Pfeffer nachwürzen und alles zusammen langsam zu Ende garen. Das Fleisch losbinden, in Scheiben schneiden, auf einer warmen Platte anrichten und mit den Pilzen und der Sauce bedecken. Polenta oder Semmelknödel dazu reichen.

Die Viehzucht in den Dolomiten beschränkt sich nicht nur auf Milchkühe, obwohl diese zahlenmäßig den Hauptanteil stellen, sondern betrifft auch Schafe und Ziegen. Früher gab es, vor allem im Umland von Belluno, sehr viel mehr als heute Hammelfleisch, geschmort mit Kartoffeln oder als Gulasch mit Gemüse.

1 Kaninchen
(samt der Leber),
ca, 1,3 kg
60 g Kochspeck
1 1/2 Zwiebeln
1/2 Karotte
Tomatenpüré
Mehl
Petersilie

Trockener Weißwein
Gemüsebrühe ca. 1,5 dl
(fertige)
Kümmel, Muskatnuss,
Lorbeerblatt, Rosmarin,
Wacholderbeeren
30 g Butter
Salz und Pfeffer
Olivenöl

Portionen: 4
Vorbereitungszeit: 15′ + 30′
Kochzeit: 1h 30′
Schwierigkeitsgrad: ●●
Geschmacksrichtung: ●●
Kalorien (pro Portion): 698
Proteine (pro Portion): 51
Lipide (pro Portion): 41
Nährwert: ●●●

1

2

Bauerngeröstel

400 g Suppenfleisch
vom Vortag
5 mittelgroße
(nicht mehlige) Kartoffeln
80 g Speck (am Stück)
1 Zwiebel
Lorbeer und Majoran
ca. 2 dl (fertige)
Hühner-
oder Rindfleischbrühe
Sauerkraut (als Beilage)
Salz und Pfeffer

Portionen: 4
Vorbereitungszeit: 15'
Kochzeit: 40' ca.
Schwierigkeitsgrad: ●
Geschmacksrichtung: ●●
Kalorien (pro Portion): 469
Proteine (pro Portion): 26
Lipide (pro Portion): 22
Nährwert: ●●

Die Kartoffeln waschen, nicht zu weich kochen, warm pellen und abkühlen lassen. Den fein gehackten Speck in der Pfanne auslassen (nicht rösten) und die abgezogene und fein gehackte Zwiebel darin glasig werden lassen. Das in Portionsstücke geschnittene Suppenfleisch hineingeben, mit Salz und Pfeffer abschmecken, umrühren und sacht durchziehen lassen. Nach 6 Minuten die Brühe zugießen, ein Lorbeerblatt, die Blättchen von einem Zweiglein Majoran und die in Scheiben geschnittenen Kartoffeln hineinlegen. Alles noch einmal durchziehen lassen, bis die ganze Brühe verdunstet ist. Die Pfanne auf den Tisch bringen und mit Sauerkraut servieren. Eine gute Idee, Reste vom Vortag schmackhaft wieder aufzutischen. Das Gleiche kann man mit Schweine-, Hammel- oder Lammfleisch machen.

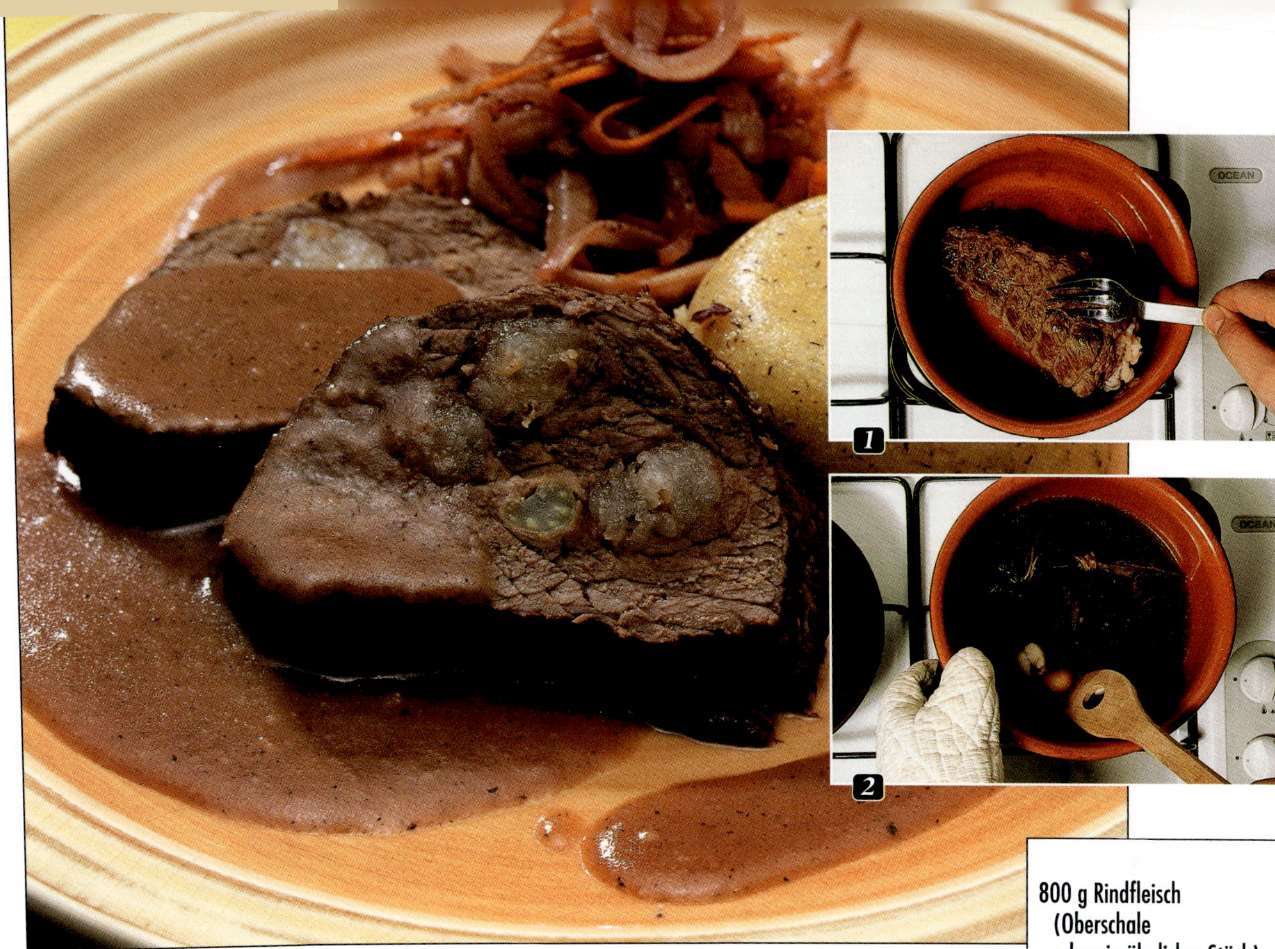

1

2

RINDERSCHMORBRATEN MIT WEIN

800 g Rindfleisch (Oberschale oder ein ähnliches Stück)
100 g fetter Speck (am Stück)
1 Karotte, 1 Zwiebel
1/2 Stange Sellerie
1 Knoblauchzehe
2 dl Rotwein
2 dl Hühner- oder Rindfleischbrühe
1 Gewürzsträußchen (Lorbeer, Petersilie, Salbei und Thymian)
Buchweizen-Polenta (als Beilage)
Salz und Pfeffer
10 g Butter
40 g Schmalz

Portionen: 4-6
Vorbereitungszeit: 20′
Kochzeit: 1h 30′
Schwierigkeitsgrad: ●●
Geschmacksrichtung: ●●
Kalorien (pro Portion): 648
Proteine (pro Portion): 42
Lipide (pro Portion): 39
Nährwert: ●●●

1 Das Gemüse putzen und in Julienne-Form raspeln bzw. in feine Streifchen schneiden. Das Gewürzsträußchen zusammenstellen und zubinden. Den Speck in winzig kleine Würfel schneiden und das Fleisch damit spicken. Das Fleisch mit Küchengarn umwickeln, mit Salz und Pfeffer würzen und in einem mit Deckel ausgestatteten Bräter in dem ausgelassenen Schmalz sacht anbraten; dabei häufig wenden, damit er gleichmäßig Farbe annimmt. Die Backröhre auf 180 °C einstellen und einschalten.

2 Wenn das Fleisch rundum angebraten ist, das Julienne-Gemüse zugeben, mit Salz und Pfeffer würzen, durchziehen lassen, dann den Wein zugießen; zum Schluss den Knoblauch und das Gewürzsträußchen hineinlegen. Den Bräter zudecken und etwa 1 Stunde und 20 Minuten in die Röhre geben, dabei ab und zu mit warmer Brühe begießen. Nach beendeter Garzeit, das Fleisch und das Gemüse aus dem Bräter heben und warm stellen. Die Butter im Bratfond zergehen lassen und mit Salz und Pfeffer nachwürzen. Das Fleisch aufschneiden, mit der Sauce beträufeln, das Gemüse darum legen, dazwischen Häufchen Buchweizen-Polenta setzen und die köstliche Fleischplatte auf den Tisch bringen.

1
2
3
4

GULASCH MIT KARTOFFELN

1 Die Zwiebel fein hacken. Den Speck klein schneiden und in einer Kasserolle sacht auslassen (nicht rösten). Die gehackte Zwiebel in dem Speck glasig werden lassen. Das in Gulaschstücke geschnittene Muskelfleisch hineingeben und von allen Seiten langsam anbraten.

2 Mit Salz und Pfeffer würzen, ein halbes Glas Wein, vermischt mit einem Esslöffel Essig, zugießen, die Flamme hochdrehen und die Flüssigkeit verdunsten lassen.

3 Das Fleisch mit Paprika bestreuen und die Brühe darüber gießen. Die Kasserolle zudecken und das Gulasch gut eine Stunde schmoren lassen. In der Zwischenzeit den Knoblauch zusammen mit einem Lorbeerblatt, den Blättchen eines Thymianzweigleins und einer Prise Kümmelkörner ganz fein hacken.

4 Die Kartoffeln schälen, waschen und in Würfel schneiden. Die Kartoffelwürfel zu dem Fleisch geben, mit dem Kräutergemisch bestreuen und umrühren. Nach Ende der Garzeit das Gulasch in der Kasserolle kurz abkühlen lassen. Nach 5 Minuten auftragen, dazu Reis, Polenta oder Knödel reichen.

600 g mageres Muskelfleisch vom Rind
80 g fetter Speck
4 Kartoffeln
1 Zwiebel
2 Knoblauchzehen
Edelsüßer Paprika
Rotwein
Lorbeer und Majoran
Kümmelkörner
Essig
3 dl (fertige) Hühner- oder Rindfleischbrühe
Reis (als Beilage)
Salz und Pfeffer

Portionen: 4
Vorbereitungszeit: 20'
Kochzeit: 1h
Schwierigkeitsgrad: ●●
Geschmacksrichtung: ●●●
Kalorien (pro Portion): 545
Proteine (pro Portion): 35
Lipide (pro Portion): 23
Nährwert: ●●●

Malerische Ansicht des Karersees.

Leber mit Speck

600 g Kalbsleber
120 g Speck (am Stück)
1 Zwiebel
10 g Mehl
Majoran
Trockener Weißwein
ca. 1 dl (fertige) Hühner- oder Rindsbrühe
Polenta (als Beilage)
Salz und Pfeffer
60 g Butter

Portionen: 4	
Vorbereitungszeit: 15′	
Kochzeit: 30′	
Schwierigkeitsgrad: ●	
Geschmacksrichtung: ●●●	
Kalorien (pro Portion): 546	
Proteine (pro Portion): 37	
Lipide (pro Portion): 34	
Nährwert: ●●●	

Die Zwiebel häuten, in Streifen schneiden und in 30 g zerlassener Butter in einer Pfanne glasig werden lassen. Nach 10 Minuten herausnehmen und beiseite stellen. Sowohl den Speck als auch die Leber in feine Streifen schneiden. Die Leberstreifen in Mehl wenden und mit der restlichen Butter in der Pfanne sautieren. Sobald sie ein wenig Farbe annehmen, den Speck zufügen und 5 Minuten mit durchziehen lassen. Leber und Speck aus der Pfanne nehmen und warm stellen. Ein Glas Wein und die Brühe in den Topf gießen und die Flüssigkeit auf die Hälfte eindampfen lassen. Die Leber und den Speck wieder hinein geben, die gedünstete Zwiebel zufügen, ein paar Majoranblättchen hineinstreuen, mit Salz und Pfeffer abschmecken und alles noch einmal gut durchziehen lassen. Das vortreffliche Lebergericht mit Polenta, Reis oder Knödel servieren.

Herrengeröstel

Die Kartoffeln waschen, nicht zu weich kochen, warm pellen und abkühlen lassen. Das Kalbfleisch gleichmäßig schnetzeln und mit 20 g Butter und einer Prise Salz rasch in der Pfanne sautieren. Das Fleisch herausheben, abtropfen lassen und warm stellen. Die Zwiebel abziehen und fein hacken. Zu der in der Pfanne verbliebenen Butter weitere 20 g Butter geben und die Zwiebel darin glasig werden lassen. Die in Würfel geschnittenen Kartoffeln und eine Prise Salz hinzufügen. Sobald die Kartoffeln Farbe annehmen, die restliche Butter als Flöckchen aufsetzen, auf schwacher Flamme zergehen lassen und alles umrühren. Dann das Geschnetzelte, ein Lorbeerblatt, und die Blättchen von einem Thymianzweiglein hineinlegen und noch einmal mit Salz und Pfeffer abschmecken. Alles unter Umrühren sacht durchziehen lassen. Gehackte Petersilie über das Pfannengericht streuen und auf den Tisch bringen. Dazu schmeckt Rotkohlsalat.

500 g Kalbfleisch (am Stück)
1 mittelgroße (nicht mehlige) Kartoffel
1 Zwiebel
Lorbeer, Petersilie und Thymian
Rotkohlsalat (als Beilage)
Salz und Pfeffer
80 g Butter

Portionen: 4
Vorbereitungszeit: 15′
Kochzeit: 35′
Schwierigkeitsgrad: ●
Geschmacksrichtung: ●●
Kalorien (pro Portion): 410
Proteine (pro Portion): 29
Lipide (pro Portion): 18
Nährwert: ●●

250 g Kalbfleisch (Kugel, 4 Scheiben)
200 g Kalbsniere
80 g Speck (8 Scheibchen)
300 g grüne Bohnen
1 Knoblauchzehe
3 dl Weißwein
Petersilie
Salz und Pfeffer
40 g Butter

Portionen: 4
Vorbereitungszeit: 20'
Kochzeit: 40'
Schwierigkeitsgrad: ●●
Geschmacksrichtung: ●●●
Kalorien (pro Portion): 374
Proteine (pro Portion): 27
Lipide (pro Portion): 20
Nährwert: ●●

KAPUZINERFLEISCH

Die Niere waschen und unter fließend kaltem Wasser gut abbrausen, dabei die Häutchen und auch inwendiges Fett entfernen. Die sorgfältig zugerichtete Niere trocken tupfen und in vier dünne Scheiben schneiden. Sie sollten die gleiche Größe haben wie die Kalbsschnitzel. Die grünen Bohnen putzen und waschen. Auf jedem Kalbsschnitzel mit einem Zahnstocher eine Scheibe Niere spießen, von beiden Seiten in der Pfanne in der zerlassenen Butter anbraten und mit Salz und Pfeffer würzen. Nach 3 Minuten das Fleisch herausnehmen, abtropfen lassen und in eine Kasserolle geben. Den Wein zugießen, die Bohnen, den gehackten Knoblauch und die Hälfte des in Streifen geschnittenen Specks hinzufügen und mit Salz und Pfeffer abschmecken. Den Topf zudecken und solange schmoren lassen, bis die Bohnen bissfest sind. In der Zwischenzeit die restlichen Speckstreifen mit einem Spritzer Wasser in der Pfanne goldgelb rösten. Das Fleisch und die Bohnen mit den gerösteten Speckscheiben mit gehackter Petersilie bestreuen und auftragen.

SAURE NIEREN

Die Niere waschen und unter fließend kaltem Wasser gut abbrausen, dabei die Häutchen und auch inwendiges Fett entfernen. Die sorgfältig zugerichtete Niere trocken tupfen und in Streifchen schneiden. Die Zwiebel häuten, fein hacken und in der zerlassenen Butter in einer Kasserolle glasig dünsten. Die mit Mehl bestäubte Niere hinein geben und in der Zwiebel anbraten. Einen Esslöffel Essig darüber gießen und unter Umrühren verdampfen lassen. Die Brühe zugießen und den Topf zudecken. Die Niere bei mäßiger Hitze gar schmoren und mit Salz und Pfeffer abschmecken. Den Topf vom Herd nehmen und zum Schluss vorsichtig die Sahne unterrühren und eindicken lassen. Die Niere mit kleinen Semmelknödeln servieren und mit Rosmarin garnieren.

600 g Kalbsniere
1 Zwiebel
1 dl (fertige) Hühner- oder Rindsbrühe
ca. 1 dl Sahne
10 g Mehl
Essig
Kleine Semmelknödel (als Beilage)
Rosmarin (zum Garnieren)
Salz und Pfeffer
30 g Butter

Portionen: 4
Vorbereitungszeit: 15'
Kochzeit: 25'
Schwierigkeitsgrad: ●
Geschmacksrichtung: ●●
Kalorien (pro Portion): 354
Proteine (pro Portion): 32
Lipide (pro Portion): 22
Nährwert: ●●

Reisauflauf mit Leber

220 g Auflaufreis
400 g Kalbsleber
1 große Zwiebel
10 g Mehl
ca. 1/2 l (fertige) Hühner- oder Gemüsebrühe
Essig
Salz und Pfeffer
60 g Butter

Portionen: 4
Vorbereitungszeit: 20′
Kochzeit: 40′
Schwierigkeitsgrad: ●
Geschmacksrichtung: ●●●
Kalorien (pro Portion): 470
Proteine (pro Portion): 24
Lipide (pro Portion): 18
Nährwert: ●●

1 Die Zwiebel häuten und fein hacken. Die Hälfte davon in 30 g zerlassener Butter in einer Kasserolle glasig werden lassen. Den Reis zufügen und einige Minuten auf starker Flamme darin anrösten, dann die Flamme herunter drehen und den Reis gar kochen. Nach und nach Brühe zugießen, die der Reis aufnimmt. Nach Ende der Garzeit muss der Reis fast trocken sein. Mit Salz würzen.

2 In der Zwischenzeit die restliche Zwiebel in der übrigen Butter in der Pfanne glasig werden lassen, die in Streifen geschnittene Leber zufügen, mit Mehl bestäuben, mit Salz und Pfeffer würzen und 3 Minuten anrösten. Einen Esslöffel Essig darüber gießen und die Leber unter Umrühren sacht zum Kochen bringen. Den Reis in eine mit kaltem Wasser ausgespülte Kranzform umfüllen, lauwarm werden lassen und auf eine Platte stülpen. Die Leber aus der Pfanne heben und in der Mitte des Reisringes anrichten. Das Gericht gelingt auch hervorragend mit Schweineleber.

1

2

Fleisch und Wurst

Das Fleisch ist hervorragend, und die Wurst nicht minder. Zwar spielt das Wildbret unter den Hauptgerichten einer reichhaltigen und verschwenderischen Küche noch eine recht wichtige Rolle, aber doch nicht mehr so wie früher, als die Essgewohnheiten anders waren und die Jagd eine volkstümliche Freizeitbeschäftigung und auch ein wichtiger zusätzlicher Lebensmittellieferant war.

Wenn Sie also Gelegenheit haben, neben den von uns vorgeschlagenen Wildrezepten etwa die typischen gespickten Hirschschnitzel – in Mehl gewendet und kurz gebraten, mit Schnaps (Grappa) und Bouillon verlängerter Sauce und Hallimasch als Beilage – zu probieren, oder eine ausgebeinte saftige Gamskeule aus der Röhre, mit Steinpilzen und Wacholdersauce, die erst durch die saure Sahne und einen Schuss Grappa den feinen Geschmack bekommt, dann geht die Erinnerung zurück an die sagenhaften Jagdpartien, mit denen sich die Habsburger einst die Zeit vertrieben. Ihnen ist auch zu verdanken, dass das kräftig gewürzte, schmackhafte Gulasch (s. S. 50), auf das die ungarischen Steppenvölker so stolz sind, oder die berühmte Gulaschsuppe, eine schlankere Version dieses Fleischgerichtes, nach Südtirol eingeführt wurde. Neben diesen ausgesprochenen Feinschmeckergerichten gibt es in den Dolomiten und im Umland eine ganze Reihe "normaler" gehaltvoller und köstlicher Fleischgerichte. Außer den hier wiedergegebenen Rezepten verweist Südtirol stolz auf den deftigen Bauernschmaus – der Name sagt bereits alles – einen rustikalen Eintopf mit geräuchertem Schweinelendenbraten, zum Teil mit Kümmel in der Röhre gebraten, zum Teil mit Wacholder und Lorbeer gekocht und mit Würstchen, Kartoffeln und Gurken angerichtet. Auch Gesurtes Schweinernes ist geräuchertes Schweinefleisch, das mit Lorbeer, Knoblauch und anderen Gewürzen gekocht wird. Fleisch und Innereien sind nicht nur ein wichtiger Bestandteil gehaltvoller Hauptgerichte, sondern liefern oft auch die Grundlage für Suppen in Form von Eintöpfen, die entstanden sind, als man weder die Möglichkeit noch Zeit hatte, zwischen ersten und zweiten Gängen zu unterscheiden und sie getrennt zu genießen. Dazu gehört der berühmte Bauerntopf, mit Speck und Zwiebel angebratenes Rindfleisch, das mit Möhren und Kartoffeln in Fleischbrühe gegart wird. Was die so genannten Innereien betrifft, so erfreuen sich Kaldaunen (vgl. die Suppe auf S. 21) einiger Beliebtheit, aber auch Milz, mit der die als Suppeneinlage verwendeten knusprigen Häppchen (vgl. S. 22) bestrichen werden. Daneben spielt die Leber eine Rolle, vor allem bei den schmackhaften Leberknödeln, die mit Brot, Milch, Butter, Ei, Knoblauch, Zwiebel, Petersilie und Pfeffer zubereitet werden. Nicht zu vergessen die delikate Hirnsuppe mit gehacktem Kalbshirn, das in Fleischbrühe und Weißwein gekocht und anschließend mit Gemüsebrühe verlängert und mit verquirltem Ei, Sahne und Weißwein verfeinert wird. Zum Schluss die berühmte Weinsuppe aus Terlan. Auch hier wird die kräftige Bouillon mit verquirltem Ei und Sahne angereichert und mit dem lokalen Weißwein harmonisch abgerundet. Mit in Butter gerösteten und mit Zimt bestreuten Brotwürfeln ist diese Suppe geradezu himmlisch.

Ein Blick auf das Kapitel Wurst und Schinken lässt sogleich die ungeheure Vielfalt des Angebots, die erfindungsreichen Konservierungsmethoden und die hervorragende Qualität der Produkte erkennen. Da ist zunächst der berühmte, unnachahmliche Speck, der Herold unter den Wurstwaren in den Dolomiten, auch "Sua Bontà il Südtiroler Speck IGP" genannt, der die jahrhundertealte Bergtradition der Fleischkonservierung durch Räuchern mit edlen Kräutern beispielhaft vertritt. Wie die Bestimmungen dieses gastronomischen Kunstwerkes vorschreiben, wird der ausgebeinte Schweineschenkel oder Bauchlappen fachmännisch zugeschnitten und trocken gepökelt, das heißt, mit einem Gemisch aus wenig Salz (nicht mehr als 5%), Pfeffer, Wacholderbeeren, Paprika, Lorbeer und eventuell anderen Zutaten (wie Knoblauch und Zucker) nach lokalem Brauch eingerieben. Das Fleisch lagert 2-3 Wochen in einem kühlen Raum und wird täglich durchgewalkt (Schwitzräucherung). Nach der Kalträucherung (das heißt, bei einer Rauchtemperatur von max. 18-20 °C) mit Wacholderholz über weitere 2-3 Wochen beginnt die Lagerung, die je nach Gewicht 20-24 Wochen dauert und in kühlen, feuchten und halbdunklen Räumen erfolgen muss. Während dieser Zeit bildet sich ein für den Geschmack wertvoller Schimmel, der wieder entfernt wird, bevor der Speck in den Handel kommt. Am meisten verbreitet ist der magere Speck vom Schweineschenkel, daneben gibt es den durchwachsenen Bauchspeck. Der Speck vom Schenkel ist fest und zeigt beim Anschnitt eine intensiv rote Farbe, einen relativ schmalen Fettstreifen und eine dünne Schwarte, die für den Verzehr abgeschnitten werden. Der Duft ist unverwechselbar, der intensive aber zugleich delikate Geschmack unnachahmlich. Dünn aufgeschnitten ist er milder im Geschmack als die besten geräucherten Schinken Nordeuropas, intensiver und lebhafter als der rohe Schinken des Friaul und der Parmaschinken. Speck schmeckt wunderbar im Alleingang, ist aber, wie unsere Gerichte zeigen, auch eine hervorragende proteinhaltige Zutat für Dolomiten- und Alpenrezepte jeder Art. In den Dolomiten bei Belluno bietet das obere Gebiet von Agordo – vor allem die Gemeinden Livinallongo del Col di Lana und Colle di Santa Lucia – den sehr begehrten Speck von Cadore, der mit Wacholderholz

und Harzessenzen von Tannen und Lärchen geräuchert wird. Hervorragend ist auch der Speck von Sappada oder Senkilam, der bis 10 Monate lagert. Eine andere Tiroler Spezialität ist der Bauernschinken, ein trockener gesalzener Schinken, der durch Injektion gepökelt wird. Nach 2-3wöchiger Reifung wird er geklopft, geräuchert und gekocht. Der Krautenschinken ist ebenfalls ein durch Injektion gepökelter Schinken, der anschließend geräuchert und mit lokalen Gewürzkräutern gekocht wird. Sehr originell ist der Fleischkäse, buchstäblich ein "Käse aus Fleisch", bei dem Schweinefleisch ganz fein gemahlen, gesalzen, gewürzt und in verschiedenen Formen im Backofen gebraten wird. Zu den bekanntesten Wurstsorten gehören der Käsekrainer aus erstklassigem gemahlenem Schweinefleisch, das mit Käse gemischt, gekocht und geräuchert wird; verschiedene Würstchen, wie der Kaminwurzen aus halbfeinem rohem Mett mit Knoblauch, das mit Wacholderholz geräuchert und gelagert wird; die würzige Leberwurst aus Schweineleber gemischt mit magerem Schweinefleisch, die zusammen gekocht werden; die Meraner Würstel, eine grobe geräucherte Kochwurst. Etwas Besonderes und wohl nur für Liebhaber ist die Blutwurst aus frischem Schweineblut mit Fettstückchen und gemahlenem Gemüse, Sahne und Gewürzen, die gekocht am besten schmeckt. Aus der Reihe der Jagdprodukte ist die Gamswurst erwähnenswert, ein dicke Wurst aus mittelfein gemahlenem Gamsfleisch, das gewürzt und roh eingefüllt, dann gepökelt, geräuchert und gelagert wird; ebenso die Hirschwurst mit typischem Wildgeschmack. Die Tiroler Räucherkunst garantiert eine große Auswahl an Fleisch- und Wurstwaren für den breiten Konsum, die in vielen Rezepten Anwendung finden. Das Fleisch kommt sowohl von Haustieren wie Lamm und Rind, als auch von Wild wie Gams und Hirsch. Die Räucherung erfolgt gewöhnlich so, dass die gewürzten Stücke 2-3 Wochen gepökelt und über dem Sägemehlrauch von aromatischen Hölzern geräuchert werden; anschließend lässt man sie bis 3 Monate ruhen.

Ähnliche Produkte finden sich im Trentino, vor allem in der Nähe des Gardasees, wo das berühmte Salzfleisch ("carne salada") vom Rind herkommt. Auch hier wird das Fleisch nach alter Tradition mit Salz und Rauch behandelt, so wie "carne salada" aus dem Fleimstal, wo edle Stücke Ziegen- oder Lammfleisch in eine Marinade aus Salz, Pfeffer, Knoblauch, Achillenkraut, Thymian, Wacholder und Weißwein gelegt werden. "carne fumada" aus Siror im Cismon-Tal ist ein Rundstück vom Rind, das mit Salz, Pfeffer, Lorbeer, Wacholder, Knoblauch und Rosmarin behandelt, dann mit Wacholderholz geräuchert und mindestens einen Monat gelagert wird, ähnlich wie "carne salmistrada" oder "fumada" aus dem Cembra-Tal. Einige Wurstsorten aus der Umgebung: "barbusto" aus dem unteren Suganatal, würzige Würstchen aus fettem und magerem Schweinefleisch, die vom Grill oder gekocht gegessen werden, und natürlich die vorzügliche "lucanica", frisch, getrocknet oder geräuchert. Auch das Umland von Belluno ist bekannt für gutes Räucherfleisch, sowohl Rind als auch Lamm, da sich die Viehzucht beider Tiere hier fortentwickelt hat. Insbesondere in Lamon und Umgebung wird das berühmte Rauchfleisch mit der Bezeichnung "carne de fea afumegada", geräuchertes Lammfleisch, hergestellt, das mit Salz und Pfeffer eingerieben und dann mit Weiß- oder Rotbuchenholz und Wacholderholz geräuchert wird und am besten mit Zitrone oder vom Grill schmeckt. "Pendole" sind Fleischstreifen – früher von Wild, Lamm oder Ziegenlamm, heute vom Schwein oder Rind – die in eine Marinade aus Salz, Pfeffer, Gewürzen, Knoblauch, Wein und Wacholder eingelegt und über Feuer mit aromatischen Hölzern geräuchert werden. Aus der Wurstreihe sollte man die herzhaften "luganeghe de tripan" aus der Umgebung von Agordino probieren, Würste aus Fleisch zweiter und dritter Wahl, die am besten gekocht schmecken.

Ein Gamsweibchen mit ihrem Jungen und ein Hirschexemplar.

Fisch, Gemüse und Eier

Zwar kommen die ausgezeichneten Südtiroler und Trientiner Weine vor allem in Verbindung mit vorzüglichen Meeresfischen, Krustentieren und Mollusken zur Geltung, doch erweisen sie sich auch für den in der Dolomitenküche vorherrschenden Süßwasserfisch als besondere Krönung. Sie dürfen dies gleich ausprobieren mit unseren Fischrezepten, etwa den springlebendigen Forellen aus den alpinen Wildbächen und anderen Fischen, die einmal mehr von der – fast möchte man sagen – "Grazie" der Dolomitenküche zeugen.
Die Verwendung von Seefisch beschränkt sich gewöhnlich auf frischen Kabeljau, Klippfisch oder Stockfisch.
Die Palette der Beilagen auf Gemüsebasis gibt Gelegenheit, Frisches aus dem Garten zu genießen, auch in Verbindung mit den Omelette-Rezepten oder als Füllung der goldgelb gebackenen Teigtaschen. Ein Hochgenuss!

4

Kabeljau mit Zitrone ▸

Die Kabeljaufilets häuten und säubern, mit der Hälfte der zerlassenen Butter 3 Minuten von jeder Seite anbraten, mit der Schaumkelle herausheben und auf Küchenkrepp abtropfen lassen. Die Zwiebel fein hacken und in der in einer Kasserolle (möglichst aus Terrakotta) zerlassenen restlichen Butter glasig werden lassen. Das Mehl nach und nach einrühren, die in Portionsstücke geschnittenen Filets hineinlegen und mit Salz, Pfeffer und einer Prise Paprika würzen. Einen halben Liter warmes Wasser darüber gießen, kurz aufkochen lassen und 10 Minuten köcheln lassen. 3 Minuten vor Ende der Garzeit die Sahne mit dem Zitronensaft zufügen und umrühren. Die eventuell verbliebene Flüssigkeit auf mittlerer Flamme eindicken lassen (oder den Tontopf 5 Minuten auf den Grill schieben). Die Kabeljaufilets mit gehackter Petersilie und Schnittlauch bestreuen und (pro Kopf einen) Knödel aus Buchweizenmehl und Käse dazu reichen.

Fischfrikadellen

500 g Kabeljaufilets
3 altbackene Brötchen (oder ein paar Scheiben Weißbrot)
ca. 2 dl Milch
2 Eier
2 Schalotten
Majoran und Petersilie
ca. 40 g Paniermehl
1 Zitrone und grüner Salat (zum Servieren)
Salz
10 g Butter
Frittieröl

Portionen: 4
Vorbereitungszeit: 25'
Kochzeit: 30'
Schwierigkeitsgrad: ●●
Geschmacksrichtung: ●●
Kalorien (pro Portion): 696
Proteine (pro Portion): 31
Lipide (pro Portion): 37
Nährwert: ●●●

Das Brot in Würfel schneiden und in der Milch einweichen. Von den Schalotten das Grün abschneiden, die Zwiebeln mit einem Zweig Petersilie fein hacken und 3 Minuten in der zerlassenen Butter anrösten, dann die Pfanne von der Herdstelle nehmen und beiseite stellen. Die Kabeljaufilets häuten, säubern und in reichlich schwach gesalzenem Wasser abkochen. Nach 7-8 Minuten abgießen, trocken tupfen und im Mixer pürieren. Die Fischmasse in eine Terrine umfüllen, die geröstete Zwiebel, das ausgedrückte Brot, die verquirlten Eier, ein paar Blättchen gehackten Majoran und eine Prise Salz zufügen. Mit jeweils einem Esslöffel Fischteig runde Kugeln formen, in Paniermehl wenden und nacheinander in reichlich siedendem Öl goldgelb ausbacken. Die Fischfrikadellen mit der Schaumkelle herausheben, auf Küchenkrepp abtropfen lassen, noch leicht nachsalzen und mit Zitronenspalten und grünem Salat servieren.

1 kg frische Kabeljaufilets 1 Zwiebel 2,5 dl saure Sahne 60 g Mehl 1 Zitrone Edelsüßer Paprika	Petersilie und Schnittlauch (zum Garnieren) Buchweizenmehlknödel (vgl. S. 34, als Beilage) Salz und Pfeffer	70 g Butter Portionen: 6 Vorbereitungszeit: 20′	Kochzeit: 20′ Schwierigkeitsgrad: ●● Geschmacksrichtung: ●●● Kalorien (pro Portion): 503 Proteine (pro Portion): 26 Lipide (pro Portion): 35 Nährwert: ●●●

Flussbarsch mit Rettich

600 g Flussbarschfilets
1 kleine Zwiebel
1/2 Möhre
1/2 Selleriestange
50 g Rettich
(oder Radieschen)
Apfelessig
Lorbeer
(auch zum Garnieren)
Butterspinat (als Beilage)
Salz und Pfefferkörner
40 g Butter

Portionen:	4
Vorbereitungszeit:	15′
Kochzeit:	25′
Schwierigkeitsgrad:	●●
Geschmacksrichtung:	●●
Kalorien (pro Portion):	212
Proteine (pro Portion):	24
Lipide (pro Portion):	11
Nährwert:	●●

Den Rettich putzen und hobeln. Das Gemüse putzen, die Zwiebel in Ringe und die Möhre und den Sellerie in Streifen schneiden und in einem Topf mit ca. 1,5 l Salzwasser aufsetzen. In das Salzwasser zwei Esslöffel Essig, 4 Pfefferkörner und ein Lorbeerblatt geben, den Topf zudecken, zum Kochen bringen und 10 Minuten sacht kochen lassen. Die gesäuberten und zugerichteten Fischfilets hineingeben, den Deckel wieder aufsetzen und alles 10 Minuten auf kleiner Flamme köcheln lassen. Den gehobelten Rettich zufügen, alles noch einmal 2 Minuten durchkochen. Die Filets abgießen, auf vorgewärmte Teller verteilen und mit Lorbeer garnieren. Über jedes Filet ein wenig zerlassene Butter gießen und mit Butterspinat servieren.

STOCKFISCHGERÖSTEL

1 Den Stockfisch (oder Kabeljau) zurichten und eventuelle Gräten und Knorpel entfernen, in Stücke schneiden und in reichlich Wasser mit einem Strauß Petersilie eine halbe Stunde kochen. Abgießen, häuten und zerbröseln. In der Zwischenzeit die Kartoffeln waschen und mit Schale ebenfalls in reichlich Wasser nicht zu weich (15 Minuten) kochen. Abgießen, warm pellen und beiseite stellen.

2 Die Zwiebel mit dem Knoblauch fein hacken und in der zerlassenen Butter in einer Pfanne, am besten aus verzinktem Kupfer, glasig werden lassen. Die gewürfelten Kartoffeln, ein zerriebenes Lorbeerblatt und eine Prise Salz und Pfeffer zugeben und alles kurz durchziehen lassen. Die Stockfischbrösel zugeben, umrühren und weitere 3 Minuten durchziehen lassen. Das Fischgericht mit Lorbeerblättern garnieren und auftragen.

500 g eingeweichter Stockfisch
400 g Kartoffeln
1 weiße Zwiebel
1 Knoblauchzehe
Lorbeer (auch zum Garnieren) und Petersilie
Salz und Pfeffer
30 g Butter

Portionen: 4
Vorbereitungszeit: 20′
Kochzeit: 40′
Schwierigkeitsgrad: ●●
Geschmacksrichtung: ●●●
Kalorien (pro Portion): 274
Proteine (pro Portion): 28
Lipide (pro Portion): 8
Nährwert: ●●

1

2

FORELLEN AUF TRIENTINER ART

1 Eine halbe Stunde vor dem Kochen eine Handvoll Sultaninen in lauwarmem Wasser einweichen; die ausgenommenen, gewaschenen und trockengetupften Forellen leicht bemehlen und in reichlich siedendem Öl ausbacken. Gut abgetropft salzen und in eine Schüssel geben.

2 Zwiebel häuten, hacken, mit 2-3 EL Öl in einer Kasserolle anschwitzen: einen halben Liter Essig angießen, gehackten Knoblauch und Petersilie, einige Minzeblättchen, die ausgedrückten Sultaninen und etwas geriebene Zitronenschale dazumischen. Zum Sieden bringen und den Topf nach 4-5 Minuten vom Feuer nehmen. Die kochend heiße Marinade auf die Forellen giessen und zugedeckt 24 Stunden kühl stellen. Die gut abgetropften Fische mit Polenta servieren.

1 kg Regenbogenforellen
1 Zwiebel
2 Knoblauchzehen
1 Zitrone
Mehl
Minze
Petersilie
25 g Sultaninen
Essig
Frittieröl

Portionen: 4-6
Vorbereitungszeit : 30'+24h 30'
Kochzeit: 30'
Schwierigkeitsgrad: ●●
Geschmacksrichtung: ●●●
Kalorien (pro Portion): 764
Proteine (pro Portion): 48
Lipide (pro Portion): 50
Nährwert: ●●●

Die Ortschaft Moena an der Einmündung des Fassatals.

Leider erlaubt es der beschränkte Raum nicht, uns im Einzelnen mit den Rezepten der köstlichen Forellen aus den Bergbächen der Dolomiten – etwa geräuchert, in Apfelsauce und sogar als Carpaccio – zu befassen. Eine Delikatesse, die man auch in Alufolie aus dem Backofen mit Butter und aromatischen Kräutern (Lorbeer, Petersilie, Estragon, Majoran und Thymian) kosten sollte. Dazu reichen Sie Petersilienkartoffeln und einen ausgezeichneten Müller-Thurgau oder einen süperben Kerner.

1

3

2

4

Gebackener Kohl mit Essigwürze

1 Den Kopfkohl von Strunk und harten Blättern befreien, waschen und 15 Minuten in leicht gesalzenem Wasser blanchieren. Abgetropft in 1/2 cm breite Streifen schneiden; den Sellerie säubern und in kurze Rondellen teilen.

2 Den gehackten (nicht geräucherten) Speck mit 4-5 EL Öl und dem Knoblauch in einer Kasserolle andünsten und den Kohl dazumengen. Salzen, pfeffern und je ein halbes Glas Essig und Wasser dazugießen.

3 Einen halben TL Zucker einrühren und zugedeckt 15 Minuten sachte köcheln, bis sich die Flüssigkeit reduziert hat.

4 Kohlstreifen herausheben, zweimal im zerklopftem Ei und Paniermehl wenden und in reichlich heißem Öl frittieren, ebenso die bemehlten Selleriestücke: Auf Küchenkrepp abtropfen lassen, salzen und sofort servieren.

600 g Weißkohl
2 Stangen Sellerie
1 Knoblauchzehe
100 g Speck (am Stück)
2 Eier
Mehl
Paniermehl
Zucker, Essig
Salz und Pfeffer
Frittieröl

Portionen: 4
Vorbereitungszeit: 20′
Kochzeit: 50′
Schwierigkeitsgrad: ●●
Geschmacksrichtung: ●●●
Kalorien (pro Portion): 669
Proteine (pro Portion): 2
Lipide (pro Portion): 50
Nährwert: ●●●

Die Sorapis-Gruppe.

1 Weißkohl
1 Zwiebel
1 Knoblauchzehe
Lorbeer
Wacholderbeeren
5 g Mehl
Salz und Pfefferkörner
40 g Butter

Portionen: 4
Vorbereitungszeit: 20'
Kochzeit: 40'
Schwierigkeitsgrad: ●●
Geschmacksrichtung: ●●●
Kalorien (pro Portion): 127
Proteine (pro Portion): 3
Lipide (pro Portion): 8
Nährwert: ●●●

WEISSKOHLPFANNE

Den Kohl putzen, den Strunk herausschneiden und die äußeren harten Blätter entfernen, vierteln und mit einer halben Zwiebel, dem Knoblauch, einem Lorbeerblatt, 5 Pfefferkörnern und 4 Wacholderbeeren in einen Topf geben. Knapp mit schwach gesalzenem Wasser bedecken, zudecken, auf mittlerer Flamme zum Kochen bringen und eine halbe Stunde kochen lassen. Dann den Kohl abgießen und in feine Streifen schneiden. Die zweite Zwiebelhälfte fein hacken und in der zerlassenen Butter in einem breiten flachen Topf glasig werden lassen. Mit Mehl bestäuben, das sich in der gerösteten Zwiebel auflöst, den Kohl hinzufügen und auf starker Flamme unter Umrühren durchziehen lassen. Mit Salz und Pfeffer abschmecken. Eine Beilage, die zu jedem Hauptgericht passt und auch eine herzhafte Ergänzung zu trockenen Knödeln darstellt.

BOHNEN MIT SARDELLENSAUCE

Getrocknete Bohnen werden 5-6 Stunden vorher eingeweicht. Abgetropft mit schwach gesalzenem Kaltwasser bedeckt, bei Niedrigsthitze 50 Minuten köcheln, dann abgießen und in eine Schüssel geben. Die gesäuberten Sardellen waschen und filetieren. In 4-5 EL Öl den Knoblauch gelb anlaufen lassen, entfernen und die zerstückelten Sardellen mit einem Kochlöffel im Öl zerdrücken. 3-4 EL Essig angießen, gut vermengen und heiß unter die Bohnen rühren. Eventuell nachsalzen, pfeffern und kalt servieren.

500 g frische
Lamon-Bohnen
(oder 250 g getrocknete)
6 Sardellen
2 Knoblauchzehen
Essig, Salz und Pfeffer
Olivenöl

Portionen: 4
Vorbereitungszeit: 20′+5-6h
Kochzeit: 1h
Schwierigkeitsgrad: ●●
Geschmacksrichtung: ●●●
Kalorien (pro Portion): 552
Proteine (pro Portion): 37
Lipide (pro Portion): 16
Nährwert: ●●

PELLKARTOFFELN MIT QUARK

600 g Kartoffeln
200 g frischer Quark
(mit ein wenig Molke)
100 g Speck
1 Ei
Salz und Pfeffer
20 g Butter

Portionen:	6
Vorbereitungszeit:	20′
Kochzeit:	45′
Schwierigkeitsgrad:	●●
Geschmacksrichtung:	●●
Kalorien (pro Portion):	496
Proteine (pro Portion):	15
Lipide (pro Portion):	35
Nährwert:	●●●

Die Kartoffeln waschen, in reichlich Wasser nicht zu weich (15 Minuten) kochen, abgießen, warm pellen, abkühlen lassen und in einer Schüssel in kleine Würfel schneiden. Den Backofen auf 180 °C einstellen. Den klein gewürfelten Speck, das verquirlte Ei, den zerbröckelten Quark – möglichst mit einem oder zwei Esslöffel Molke – und eine Prise Salz und Pfeffer zufügen. Alles untereinander mischen, in eine gebutterte feuerfeste Form umfüllen und eine knappe halbe Stunde in den Backofen geben. Diese gehaltvolle Beilage, die heiß auf den Tisch kommen sollte, eignet sich mit Salat und Knödeln auch gut als Hauptgericht.

Hier noch ein Tipp, wie man die köstlichen Bergkartoffeln zubereiten kann. Zum Beispiel gekocht und püriert, mit Butter und Ei (zuerst die Dotter und dann der Eischnee) verknetet und mit einer Prise Muskatnuss gratiniert. Oder aber gekocht und mit Speck und gehackter Petersilie in der Pfanne geschwenkt.

Kürbis mit Sahne

Den Kürbis waschen und putzen, die Kerne und Fäden entfernen und in reichlich schwach gesalzenem Wasser abkochen. Nach 15 Minuten abgießen (das Kochwasser aufheben und warm stellen), die Schale und eventuell verbliebene Fäden abschneiden und erkalten lassen. In der Zwischenzeit die Zwiebel mit dem Knoblauch und einem Strauß Petersilie fein hacken. Alles in der zerlassenen Butter in einer Pfanne (möglichst aus verzinktem Kupfer oder Terrakotta) andünsten, einen halben Esslöffel Paprika zugeben und mit Mehl bestäuben, das sich sacht in dem Gerösteten auflöst. Den in Würfel geschnittenen Kürbis mit zwei Esslöffel Kochwasser hinzufügen, mit Salz und Pfeffer abschmecken, die Pfanne zudecken und köcheln lassen. Gegebenenfalls noch mit Salz und Pfeffer nachwürzen. Alles noch einmal aufkochen lassen, nach 3 Minuten die Herdstelle ausschalten und das Gericht ein wenig ruhen lassen. Dann mit gehackter Petersilie bestreuen und auftragen.

600 g gelber Winterkürbis
1 kleine Zwiebel
1 Knoblauchzehe
Petersilie
(auch zum Garnieren)
Paprika
ca. 1 dl Kochsahne
5 g Mehl
Salz und Pfeffer
30 g Butter

Portionen: 4-6
Vorbereitungszeit: 20′
Kochzeit: 40′
Schwierigkeitsgrad: ●●
Geschmacksrichtung: ●●
Kalorien (pro Portion): 112
Proteine (pro Portion): 2
Lipide (pro Portion): 9
Nährwert: ●●●

Schnittlauch-Omelette

5 Eier
350 g Mehl
3 dl Milch
1 Knoblauchzehe
Schnittlauch
Grüner Salat
(als Beilage)
Salz und Pfeffer
40 g Butter

Portionen: 4-6
Vorbereitungszeit: 20'
Kochzeit: 15' ca.
Schwierigkeitsgrad: ●●
Geschmacksrichtung: ●●
Kalorien (pro Portion): 477
Proteine (pro Portion): 19
Lipide (pro Portion): 19
Nährwert: ●●●

Die Eier in einer Schüssel aufschlagen und gut verquirlen (eventuell mit einem Handrührgerät). Einen Bund Schnittlauch und den Knoblauch fein hacken. Die lauwarme Milch, nach und nach das Mehl, die gehackten Kräuter und eine Prise Salz und Pfeffer zufügen, alles zu einem dickflüssigen Pfannkuchenteig verrühren und ein wenig ruhen lassen. Eine gusseiserne Pfanne erhitzen, die Butterflöckchen darin zergehen lassen (die Butter darf weder schäumen noch rauchen) den Teig einlaufen lassen und das Omelette auf mittlerer Flamme backen. Nach 7-8 Minuten den Eierkuchen mit Hilfe eines Tellers umdrehen und von der anderen Seite goldgelb backen. Mit frisch gehacktem Schnittlauch bestreuen und grünen Salat dazu reichen. Das Omelett kann man auch, ohne es zu wenden, 20 Minuten bei 180 °C im Backofen backen.

Mit Brot, dem unbestrittenen "Protagonisten" der ungemein variablen Dolomitenküche, kann man auch ein süßes Omelette bereiten. Brot in Milch einweichen, mit Ei, Butter, Zucker, Rosinen und einer Prise Salz vermischen. Andere süße "Schmarrn" lassen sich mit Grieß, Reis und Quark herstellen. Aber das vorzüglichste und originellste süße Omelette ist ohne Zweifel das Kirsch-Omelette aus dem Suganatal.

HACKFLEISCH-SCHMARRN

4 Eier
250 g mageres Rinder- oder Schweinehack
200 g leicht altbackene Weißbrotkrume
ca. 3 dl Milch
Schnittlauch (auch zum Garnieren)
Schale von einer halben Zitrone
Salz und Pfeffer
40 g Butter

Portionen: 4
Vorbereitungszeit: 20'-30'
Kochzeit: 10' ca.
Schwierigkeitsgrad: ●●
Geschmacksrichtung: ●●
Kalorien (pro Portion): 427
Proteine (pro Portion): 27
Lipide (pro Portion): 19
Nährwert: ●●●

1

2

1 Das Weißbrot würfeln und in eine Schüssel geben, mit lauwarmer Milch bedecken und einweichen. Nach einer knappen halben Stunde die Brotkrume ausdrücken (die Milch aufheben), in einer Terrine mit dem Hackfleisch vermischen, ein Sträußchen fein gehackten Schnittlauch und die abgeriebene Zitronenschale zufügen, mit Salz und Pfeffer abschmecken und – eventuell unter Zugabe von etwas Milch – einen geschmeidigen Teig daraus kneten.

2 Eine gusseiserne Pfanne erhitzen, die Butterflöckchen darin zergehen lassen (die Butter darf weder schäumen noch rauchen) und die Fleischmasse hineingeben, glatt streichen und auf mittlerer Flamme 4 Minuten braten. Mit Hilfe eines Tellers umdrehen und von der anderen Seite genau so lange braten. Den "Schmarrn" auf eine Vorlegeplatte legen, mit fein gehacktem Schnittlauch bestreuen, in kuchengroße Stücke schneiden und servieren.

KARTOFFELKUCHEN

3 Eier
500 g mehlige Kartoffeln
1 braune Zwiebel
Salz und schwarze Pfefferkörner
40 g Butter

Portionen:	4-6
Vorbereitungszeit:	20′
Kochzeit:	25′
Schwierigkeitsgrad:	●●
Geschmacksrichtung:	●●
Kalorien (pro Portion):	299
Proteine (pro Portion):	12
Lipide (pro Portion):	16
Nährwert:	●●●

Die Kartoffeln waschen, in reichlich Wasser nicht zu weich (15 Minuten) kochen, abgießen, warm pellen, abkühlen lassen und in einer Terrine mit einer Gabel zu Brei zerdrücken. Die verquirlten Eier zufügen, mit Salz und Pfeffer würzen und alles gut vermischen. Eine gusseiserne Pfanne erhitzen, die Butterflöckchen darin zergehen lassen (die Butter darf weder schäumen noch rauchen), die fein gehackte Zwiebel kurz darin andünsten und die Kartoffel-Ei-Masse hineingeben, glatt streichen und auf mittlerer Flamme 4 Minuten braten. Den Kuchen mit Hilfe eines Tellers umdrehen und von der anderen Seite genau so lange braten. Darauf achten, dass er trocken aussieht.
Den Kartoffelkuchen auf eine Vorlegeplatte legen, mit frisch gemahlenem schwarzem Pfeffer bestreuen und servieren.

"TIRTLEN" AUS DEM PUSTERTAL

1 Das gemischte Mehl in eine große Schüssel sieben. Die Eier, das Schmalz, eine Prise Salz und die zerlassene Butter zufügen und alles gut vermengen. Nach und nach soviel lauwarmes Wasser zugießen, bis ein geschmeidiger Teig entsteht. Zudecken und eine Stunde ruhen lassen. Den Kohl waschen und putzen, den Strunk und die äußeren Blätter entfernen. Die Zwiebel häuten, ganz fein hacken und in der flüssigen Butter in einer Pfanne glasig werden lassen. Das Mehl einstreuen und darin zergehen lassen, ein halbes Glas Wein zugießen und eine bis zwei Minuten unter Umrühren eindicken lassen.

2 Den in feine Streifen geschnittenen Kohl, 2 Wacholderbeeren, je eine Prise Kümmel und Salz und 5 Pfefferkörner hineingeben, die Pfanne zudecken und auf schwachem Feuer eine halbe Stunde kochen. Gegebenenfalls einen Tropfen Wasser nachgießen. Die Pfanne von der Herdstelle nehmen und abkühlen lassen. Den Teig noch einmal auf der bemehlten Arbeitsplatte durchkneten und dünn ausrollen. Mit einem Zahnrädchen eine gerade Anzahl Kreise von ca. 10 cm Durchmesser (den Verschnitt wieder ausrollen) ausschneiden und leicht mit Mehl bestäuben. Auf eine Hälfte der Teigkreise einen Löffel Füllung setzen und mit einer anderen Scheibe abdecken. Die Ränder anfeuchten und festdrücken. Die fertigen "Tirtlen" nebeneinander auf ein mit einem bemehltem Tuch bedecktes Tablett legen und nacheinander in reichlich siedendem Öl ausbacken. Die knusprigen "Tirtlen" herausheben, auf Küchenkrepp abtropfen lassen und mit Salat servieren.

***Alternative Füllungen:** Sauerkraut oder Quark mit Kartoffeln und Schnittlauch, in Porree gedünstet, oder auch Quark und Spinat, mit Zwiebel in Butter sautiert und mit etwas Muskatnuss gewürzt.*

Für den Teig
250 g Roggenmehl
250 g Weizenmehl (und etwas mehr für die Arbeitsplatte)
2 Eier
Salz
6 g Schmalz
30 g (zerlassene) Butter

Für die Füllung
600 g Weißkohl
1 helle Zwiebel
5 g Mehl
Wacholderbeeren
Kümmel
Trockener Weißwein
Salz und Pfefferkörner
30 g Butter
Frittieröl

Portionen: 4-6
Vorbereitungszeit: 30'+1h
Kochzeit: 1h
Schwierigkeitsgrad: ●●●
Geschmacksrichtung: ●●
Kalorien (pro Portion): 847
Proteine (pro Portion): 17
Lipide (pro Portion): 42
Nährwert: ●●●

1

2

"TIRTLEN" MIT SPINAT

Für den Teig
200 g Roggenmehl
200 g Weizenmehl
(und etwas mehr
für die Arbeitsplatte)
150 g Quark; 5 cl Milch
Salz

Für die Füllung
600 g Blattspinat
1 weiße Zwiebel
1 Knoblauchzehe
1 dl (fertige) Gemüsebrühe
1,5 dl Sahne
5 g Mehl
Schnittlauch und Majoran
Muskatnuss
Salz und Pfeffer, 30 g Butter
Frittieröl

Portionen: 4-6
Vorbereitungszeit: 30'+1h
Kochzeit: 40'
Schwierigkeitsgrad: ●●●
Geschmacksrichtung: ●●
Kalorien (pro Portion): 1211
Proteine (pro Portion): 59
Lipide (pro Portion): 68
Nährwert: ●●●

1 Das gemischte Mehl in einer Schüssel mit dem Quark, der lauwarmen Milch und einer Prise Salz zu einem geschmeidigen Teig verrühren und anschließend zugedeckt ruhen lassen. Den Spinat putzen und waschen, tropfnass in einen Topf geben und mit einer Prise Salz in dem Wasser, das er zieht, zusammenfallen lassen. Nach 5 Minuten abgießen, ausdrücken und fein hacken. Die Zwiebel häuten und mit dem Knoblauch und einem Bündchen Schnittlauch fein hacken und alles in der zerlassenen Butter in der Pfanne andünsten, dann mit Mehl bestäuben, das sich darin auflöst. Den Spinat und die warme Brühe zufügen, umrühren und sobald die Brühe kocht, auf kleiner Flamme die Sahne unterrühren. Mit ein paar Blättchen Majoran, Salz, Pfeffer und einer Prise abgeriebener Muskatnuss würzen. Die Gemüsemasse 5 Minuten eindicken lassen, noch einmal umrühren, von der Herdstelle nehmen und dann abkühlen lassen.

2 Den Teig mit dem Nudelholz auf einer bemehlten Arbeitsplatte dünn ausrollen und 10 x 3 cm große Vierecke ausschneiden (den Verschnitt wieder ausrollen) und mit Mehl bestreuen. Im Kopf die Vierecke in zwei Hälften teilen und in die Mitte der einen Hälfte ein Häufchen Füllung setzen, die andere Hälfte darüber klappen und die angefeuchteten Ränder festdrücken, eventuell mit einem Zahnrädchen, festdrücken. Die Spinatkrapfen nacheinander in reichlich siedendem Öl knusprig ausbacken, mit der Schaumkelle herausheben, auf Küchenkrepp abtropfen lassen und mit Radieschen servieren. Eine schmackhafte Alternative ist eine Füllung mit Sauerkraut.

1

2

Naturprodukte

Dank des günstigen Klimas, bei dem sich warme und sonnige Tage mit kühlen Nächten abwechseln, gedeihen auf den Feldern des Dolomitenraumes und der umliegenden Gegenden in Höhenlagen zwischen 600 und 1650 Metern hervorragende Gemüsesorten, die roh oder auf traditionelle Art gekocht gegessen werden. Hierzu gehören der weiße und feste, delikate Blumenkohl, der rote Radicchio, der gesunde Mangold, der seit jeher hier angebaut wird, und der Eisbergsalat, eine jüngere Erfindung, daneben Karotten, Sellerie und Porree, die mit Getreidesorten wie Weizen und Hafer sowie mit Würzkräutern und Sahne, der kräftigen Bauernsuppe Geschmack und Konsistenz verleihen.

Das preisgekrönte Gemüse in der Dolomitenküche ist ohne Zweifel der Kohlkopf, der, ob weiß oder rot, seit Urzeiten zu herzhaften Beilagen verarbeitet wird. Weltbekannt ist das Sauerkraut, hervorragend zu Schweinefleisch, aber auch eine ausgezeichnete Ergänzung zu vielen anderen Speisen. Auch heute noch wird das Kraut nach alter Tradition in feine Streifen geschnitten, mit Salz und Kümmel oder Anis gewürzt und in Holzfässern geschichtet und gepresst, wo es eine Milchgärung auslöst, die eine Konservierung von ungefähr 6 Monaten erlaubt. In einigen Gebieten des Trentino, wo man seit Jahrhunderten ein duftendes Kraut mit Kümmel, aber auch mit Fenchelsamen und Wacholderbeeren schätzt, herrscht die anderswo weniger verbreitete Gewohnheit, feine Rübenscheibchen unter das Kraut zu mischen. Auch in den Dolomiten um Belluno ist seit dem 17. Jahrhundert Sauerkraut sehr populär, mit dem hier die traditionelle Sauerkrautsuppe bereitet wird, eine schmackhafte Suppe, bei der Sauerkraut und geröstete Zwiebel mit roh geriebenen Kartoffeln in Fleischbrühe gekocht und mit Lorbeer, Wacholder und Kümmel gewürzt werden. Zum Schluss wird die köstliche Suppe mit ein wenig Kochsahne abgerundet. Gedünstet Sauerkraut ist ein Gericht, bei dem das Sauerkraut in angeröstetem Speck, Butter und Zwiebel und unter Zugabe von Lorbeer, Wacholder und einem geriebenen Apfel gedünstet wird. Das Sauerkraut muss sacht köcheln und wird am Ende mit zerlassener Butter angerichtet. Gedünstet Kraut hingegen ist eine herzhafte Beilage aus frischem Weißkohl, der mit einem geriebenen Apfel, Rotwein, Preiselbeeren, Lorbeer, Wacholder, Gewürznelke und Pfeffer zubereitet wird.

Vor allem im Pustertal und im Eisacktal schenkt die Erde eine hervorragende Bergkartoffel, die Ende des Sommers geerntet wird. Mit dieser mehligen, halbfesten bis festen Kartoffel lassen sich die hier aufgeführten Rezepte kochen, aber auch das Erdapfelroast: in Zwiebel geröstete und im Backofen gebratene Kartoffeln, die mit Polentascheiben, Fleisch und Schnittlauch serviert werden. Zu den feinsten Gemüsesorten gehört der Spargel aus Terlan, eine Varietät mit weißer Knospe, die zwischen Bozen und Meran im Talgrund der Etsch angebaut wird, wo der abgelagerte Flusssand das Wachstum begünstigt. Dieser zarte und doch herzhafte Spargel wird von Ende März bis Mitte Mai gestochen und eignet sich für viele Zubereitungsarten, von ganz einfachen traditionellen Gerichten, das heißt gekocht und mit Saucen oder gekochtem Schinken angerichtet, bis zu komplizierten Rezepten. Venetien hingegen ist ganz stolz auf seine berühmte schmackhafte Bohne, Lamon IGP, die hier seit dem 16. Jahrhundert in einem kleinen Gebiet der gleichnamigen Hochebene, am Südwestrand der Dolomiten bei Belluno angebaut wird. Es gibt vier Sorten von dieser Bohne: "spagnolit", eine sehr begehrte Bohne, "spagnolo", ebenfalls eine echte Rarität, die gemeine "calonega" und "canalino", die ideale Bohne für Gemüsesuppen und Eintöpfe. Neben Gemüse verwendet die Dolomitenküche auch gern Pilze aus dem Wald, vor allem Steinpilze, Pfifferlinge und Halimasch.

Auch das köstliche Obst beruht auf dem günstigen Klima – kühle Nächte und warme Tage mit viel Sonne und dem rechten Maß an Regen – und dem fruchtbaren Boden, der leicht und gut durchlüftet ist. Zuerst sind hier die berühmten Äpfel zu nennen, die auf vielerlei Art weiter verarbeitet werden. Ein unendlicher Obsthain erstreckt sich in 200 bis 1000 Meter Höhe von den Tälern des Trentino bis Südtirol, zwischen Salurn (Sprachgrenze) und dem Venostatal. Die nährstoffreiche Natur und menschliche Fähigkeiten haben sich seit dem Mittelalter durch die Jahrhunderte ergänzt und garantieren – unter minimaler Verwendung von agrarchemischen Mitteln – eine reichliche Produktion von ausgezeichneter Qualität. Die hier angebauten Äpfel, die in Geschmack, Festigkeit und Haltbarkeit hervorragend sind, gehören etwa fünfzehn Varietäten an und haben leuchtende Farben: gelb (Golden Delicious), grün (Granny Smith) und vor allem rot, wie der frühreife Gravensteiner mit süßem Fleisch und leicht säuerlichem Geschmack, der auch ein guter Kochapfel ist, dann der Jonathan, der zwischen September und Oktober reif

wird, sich gut lagern lässt und in Bäckereien begehrt ist, der späte Morgenduft, ein Tafelapfel, der sich bis April hält, und der zuckersüße Stark Delicious, ein schmackhafter, zarter und aromatischer Apfel; ferner die Sorten Gloster, Winesap, Elstar, Jonagold, Summerredd, Idared, Gala, Braeburn und Red Delicious. Neben dem ausgezeichneten Apfelsaft wird hier der Apfelkren hergestellt, eine Würze, bei der sich die pikante Note von geraspeltem Rettich mit dem süßsauren Geschmack der mit Zucker und Zitrone gekochten Äpfel und einem Guss Sahne verbindet. Aber auch im venetischen Teil des Etschtals führt der Apfel das Zepter. In der Weiterverarbeitung finden wir hier die so genannten "kodinze" von Sospirolo im Umland von Belluno, getrocknete Apfelspalten ohne jeglichen Zusatz, wie auch die "kodinzon Agnese" genannten getrockneten Apfelstreifen. Aber der Obstkorb in den Dolomiten enthält natürlich noch andere Früchte, etwa köstliche Erdbeeren, duftende Himbeeren und prickelnde Bergjohannisbeeren, die in 800 bis 1600 Meter Höhe im Pustertal und im Eisacktal wie auch im Martelltal angebaut werden; sie sind im Hochsommer reif und können es in Geschmack und Würze mit den Johannisbeeren aufnehmen, die in den Wäldern wachsen, aus denen auch die saftigen Heidelbeeren kommen. Aus Waldhimbeeren wird der Himbeersaft gemacht, ein leicht alkoholhaltiger Sirup, der wie roter Johannisbeersaft verdünnt getrunken wird. Wälder und Wiesen liefern ferner den "Rohstoff" für eine große Auswahl an Sirup mit abschwellenden Eigenschaften und Honig, etwa den dunklen Fichtenhonig aus Tannenknospen, den hellen Löwenzahnhonig aus den gleichnamigen Blumen (auch Pusteblume genannt, Taraxacum officinalis), und den Hollersirup aus Holunderblüten, der verdünnt getrunken werden sollte. Das Prachtstück im Obsthain des benachbarten Venostatals ist die Aprikose oder die berühmte Vinschgauer Marille, eine mittelgroße, leuchtend gelbe Frucht mit rötlichem Schimmer, festem farbigem Fleisch, duftend und säuerlich. Aus dieser Aprikose werden (neben den Knödeln auf S. 84) köstliche Marmeladen und Sirup hergestellt, die es in der Qualität mit den vorzüglichen Birnen aufnehmen können. Mit verschiedenen Birnensorten, aber auch mit anderen Früchten wie Susinen und Pflaumen, die in der Sonne oder auf besonderen Öfen getrocknet werden, stellt man den so genannten Kloazn her, der in der Küche viel verwendet wird, vor allem zum Farcieren von Krapfen. Mit dem Namen Hollermulla bezeichnet man eine Gelatine aus Holunderbeeren, die in Zuckerwasser gekocht werden. In der Gegend von Belluno wächst die berühmte Feltre-Nuss, und die Wälder des Trentino sind reich an dicken Maronen. Das gesamte Gebiet produziert in großen Mengen einen ausgezeichneten Honig, gesund, energiespendend und naturrein. Neben dem weit verbreiteten hellen Tausenblütenhonig gibt es Akazien-, Apfel-, Löwenzahn- und Lindenhonig, und während der köstliche Rhododenronhonig einen helleren Goldton aufweist, haben Kastanienhonig und süßer Tannenhonig eine dunklere Farbe.

Das Grödner Tal.

Krapfen, Gebäck und Desserts

Trotz des Umfangs dieses Kapitels wird es uns nicht gelingen, die in den Dolomiten herrschende Vielfalt an Versuchungen aus der Backstube oder Konditorei, mit denen ein gutes Essen – vielleicht bei einem Tropfen köstlichen Dessertweins – einen würdigen Abschluss findet, auch nur im Mindesten zu erschöpfen.
Im Übrigen ist hier fast jedes Haus eine kleine Bäckerei, wo mit Liebe und Sorgfalt köstliche Backwaren, oft mit langen Gehzeiten, bereitet werden. Eine Sonderstellung, was Quantität und Varietät betrifft, nimmt der Krapfen ein, der früher ausschließlich in Schmalz gebacken wurde – heute nimmt man Pflanzenöl – und auf Jahrmärkten einen unwiderstehlichen Duft verbreitet. Und dann sind da die berühmten traditionellen Kuchen wie der Zelten und vor allem der Strudel, dessen Rezept in seinen zahlreichen Abwandlungen – alle auf der Grundlage einheimischer und naturreiner Zutaten wie Äpfel, Honig, Mohnsamen und Waldbeeren – streng gehütet wird.

5

KIRCHTAGSKRAPFEN

280 g Mehl
(und etwas mehr für die Arbeitsplatte)
200 g getrocknete Äpfel oder Birnen
1/2 l Milch
1,5 dl Sahne
1 Ei
30 g Vanillezucker
10 g Mohn
Rum
Salz
30 g Butter
Frittieröl

Portionen: 4
Vorbereitungszeit: 30'+30'
Kochzeit: 30'
Schwierigkeitsgrad: ●●●
Kalorien (pro Portion): 922
Proteine (pro Portion): 14
Lipide (pro Portion): 52
Nährwert: ●●●

Das Mehl in einer Schüssel mit der in 4 dl lauwarmer Milch aufgelösten Butter, der Sahne, dem Ei und einer Prise Salz verkneten. Den glatten, nicht zu festen Teig eine halbe Stunde zugedeckt ruhen lassen. In der Zwischenzeit die restliche Milch in einem Töpfchen aufkochen, den Mohnsamen hinzufügen und ein paar Minuten mitkochen, die Herdstelle ausschalten und die Mohnmilch abkühlen lassen. Das Trockenobst in reichlich kochendem Wasser brühen, nach 6 Minuten abgießen, erkalten lassen, fein hacken und in einer Schüssel mit dem abgegossenen Mohn, dem Zucker und einem knappen Gläschen Rum vermischen. Den Teig in zwei gleiche Hälften teilen, ganz dünn ausrollen und die Teigplatten leicht mit Mehl bestäuben. In Abständen von ca. 5 cm jeweils ein Häufchen Füllung setzen, mit der anderen Teigplatte abdecken und festdrücken. Mit dem Zahnrädchen 5 cm große ravioli-artige Quadrate ausschneiden, mit Mehl bestäuben und unter ein feuchtes Tuch legen. Die Krapfen nun nacheinander in reichlich siedendem Öl ausbacken. Während des Frittierens ein paar Tropfen siedend heißes Öl darüber träufeln, damit die Krapfen hoch aufgehen. Man kann sie auch mit Kastanienpüree füllen.

"ZIRGGELEN"

1 Die Hälfte des Mehls mit der in lauwarmer Milch aufgelösten Hefe in einer Schüssel verkneten, eine Kugel formen, zudecken und eine Stunde an einem warmen Ort gehen lassen. Dann die aufgeschlagenen Eier, die zerlassene Butter, das restliche Mehl, die fein abgeriebene Schale der Zitrusfrüchte, den Zucker und eine Prise Salz dazugeben, alles zu einem glatten festen Teig verkneten und eine weitere Stunde gehen lassen. Den Teig noch einmal durchkneten und dann auf einer bemehlten Arbeitsplatte etwa 2 cm dick ausrollen. Aus der Teigplatte etwa 4 cm große Kreise ausstechen, leicht mit Mehl bestäuben und auf ein bemehltes Tablett legen, ein Tuch darüber decken und noch eine halbe Stunde gehen lassen.

2 Die Zirggelen nacheinander in reichlich siedendem Öl ausbacken, mit dem Schaumlöffel herausnehmen und auf Küchenkrepp abtropfen lassen. Nun bereiten sie Sauce zu: Den Wein mit den Nelken, dem Zimt und der Zitronenschale langsam erhitzen (nicht aufkochen!) und den Honig darin auflösen. Die Sauce umrühren, in ein Schüsselchen umfüllen und als süßen Dipp zusammen mit den Zirggelen auf den Tisch bringen.

250 g Mehl
(und etwas mehr für die Arbeitsplatte)
30 g Zucker
1,5 dl Milch
2 Eier
Abgeriebene Schale von je einer halben Zitrone und Orange
20 g Bierhefe
Salz
30 g Butter
Frittieröl

Für die Sauce
3,5 dl trockener Weißwein
30 g Honig
2 Gewürznelken
1 Stückchen Zimtstange
1 Schnitz Zitronenschale

Portionen: 4
Vorbereitungszeit : 30'+2h 30'
Kochzeit: 30'
Schwierigkeitsgrad: ●●●
Kalorien (pro Portion): 767
Proteine (pro Portion): 13
Lipide (pro Portion): 38
Nährwert: ●●●

1

2

1

2

"KNIEKIECHL"

- 500 g Mehl (und etwas mehr für die Arbeitsplatte)
- ca. 250 g Preiselbeermarmelade
- 4 dl Milch
- 3 Eidotter
- 10 g Zucker
- Abgeriebene Schale von 1/2 Zitrone
- 25 g Bierhefe
- 40 g Puderzucker (zum Garnieren)
- 50 g Butter
- Frittieröl

Portionen: 6-8
Vorbereitungszeit: 30'+2h 30'
Kochzeit: 20'
Schwierigkeitsgrad: ●●●
Kalorien (pro Portion): 890
Proteine (pro Portion): 17
Lipide (pro Portion): 38
Nährwert: ●●●

1 Die Hälfte des Mehls mit der in 1 dl lauwarmer Milch aufgelösten Hefe und dem Zucker in einer Schüssel verkneten, eine Kugel formen, zudecken und eine Stunde an einem warmen Ort gehen lassen. Dann das restliche Mehl darunter kneten und den Teig eine weitere Stunde gehen lassen. Die zerlassene Butter, die übrige lauwarme Milch, die verquirlten Eidotter und die abgeriebene Zitronenschale darunter mischen, bis ein geschmeidiger und fester Teig entsteht, der zugedeckt noch eine Stunde gehen muss. Den Teig nun auf der bemehlten Arbeitsplatte kräftig durchkneten und tennisballgroße Kugeln daraus formen, auf ein bemehltes Tablett legen, mit einem Tuch zudecken und wieder eine halbe Stunde gehen lassen.

2 Nun eine Kugel zwischen Daumen und Fingerspitzen nehmen, auseinander drücken und gleichzeitig rotieren lassen, dabei mit dem Daumen in der Mitte eindrücken, sodass eine Art Kringel ohne Loch und mit dickem Rand entsteht. Diese Krapfen nacheinander in siedendem Öl goldbraun ausbacken. Während des Frittierens ein paar Tropfen heißes Öl darüber träufeln, damit die Krapfen hoch aufgehen. Dann die Krapfen mit der Schaumkelle herausheben und umgekehrt auf Küchenkrepp abtropfen lassen. Die Krapfen auf einem Tablett anrichten, mit Preiselbeermarmelade (oder nach Belieben mit einer anderen Marmelade) füllen und mit Puderzucker bestreuen.

SCHWARZBEERLAIBCHEN

400 g Schwarzbeeren (Heidelbeeren)
ca. 2,5 dl Milch
2 Eier
50 g Mehl
ca. 50 g Streuzucker (zum Garnieren)
Zimtpulver (zum Garnieren)
Salz
50 g Butter

Portionen: 4
Vorbereitungszeit: 30'+30'
Kochzeit: 30'
Schwierigkeitsgrad: ●●
Kalorien (pro Portion): 362
Proteine (pro Portion): 10
Lipide (pro Portion): 21
Nährwert: ●●●

Die Heidelbeeren verlesen, waschen und trocken tupfen. Die Eier in einer Schüssel aufschlagen, verquirlen und nach und nach die lauwarme Milch, das Mehl und eine Prise Salz dazugeben, bis ein dünnflüssiger Teig entsteht. Die Heidelbeeren hinzufügen und den Pfannkuchenteig eine halbe Stunde an einem kühlen Ort ruhen lassen. Eine gusseiserne Pfanne erhitzen, die Butter darin zergehen lassen (sie darf weder schäumen noch rauchen) und den Heidelbeerteig löffelweise 3 Minuten von jeder Seite auf mittlerer Flamme goldgelb ausbacken. Die Küchlein mit der Schaumkelle herausnehmen, abtropfen lassen und auf Küchenkrepp trocknen lassen. Zum Schluss die Heidelbeerlaibchen mit Zucker und Zimt bestreuen und traditionsgemäß kalte Milch dazu reichen.

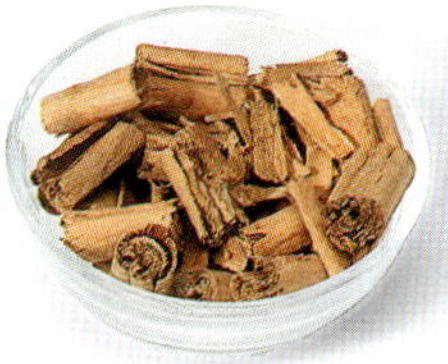

MARILLENKNÖDEL

16 Aprikosen
1 kg Kartoffeln
250 g Mehl
3 Eier
100 g Semmelbrösel
Zucker
200 g Butter

Portionen: 4-6
Vorbereitungszeit: 30'+10
Kochzeit: 45'
Schwierigkeitsgrad: ●●●
Kalorien (pro Portion): 1072
Proteine (pro Portion): 23
Lipide (pro Portion): 51
Nährwert: ●●●

Aprikosen waschen, einschneiden, entkernen und wieder zuklappen. Die in der Schale gekochten Kartoffeln pellen, passieren und auskühlen lassen. Mit Mehl, Eiern, einem nussgroßen Stück Butter und 1 Prise Salz zu einem glatten Teig verarbeiten. 10 Minuten ruhen lassen, inzwischen die übrige Butter mit den Bröseln in einem breiten Geschirr anrösten. Die Aprikosen in den Teig wickeln und die Knödel nach und nach in schwach gesalzenes siedendes Wasser gleiten lassen. Sobald sie an die Oberfläche steigen, mit der Lochkelle herausnehmen und in den gerösteten Bröseln wälzen. Mit Zucker bestreut servieren.

Diese köstlichen süßen Knödel und Krönung vieler gastronomischer Jahrmärkte lassen sich auch mit frischen oder getrockneten Pflaumen (Zwetschgenknödel) zubereiten. Oft werden sie mit Paniermehl, Zucker und Kakao- oder Zimtpulver angerichtet.

1

2

APFELKNÖDEL

300 g altbackenes Weißbrot
3 Äpfel aus dem Nonstal (Val di Non), ca. 400 g
2 Eier
ca. 2,5 dl Milch
30 g Mehl
Saft von einer halben Zitrone
Streuzucker (zum Garnieren)
Zimtpulver (zum Garnieren)
Salz
60 g Butter

Portionen: 4
Vorbereitungszeit: 20'+10'
Kochzeit: 15'
Schwierigkeitsgrad: ●●
Kalorien (pro Portion): 521
Proteine (pro Portion): 15
Lipide (pro Portion): 20
Nährwert: ●●●

1 Die Äpfel schälen, das Gehäuse herausschneiden und das Fruchtfleisch so klein wie möglich hacken, jedoch nicht pürieren, in eine Schüssel geben und mit Zitronensaft beträufeln. Das Brot in Würfel schneiden und in einer Schüssel in lauwarmer Milch einweichen, ausdrücken und in eine Terrine geben. Die verquirlten Eier, die Äpfel, eine Prise Salz und das Mehl hinzufügen, alles zu einem geschmeidigen, festen Teig verkneten und 10 Minuten ruhen lassen. 8 große Knödel (ca. 6,5-7 cm Durchmesser) daraus formen und in kochendem Salzwasser 15 Minuten gar ziehen.

2 In der Zwischenzeit die Butter in einem Pfännchen zergehen lassen, bis sie eine goldgelbe Farbe angenommen hat, die gut abgetropften Knödel darin wenden, mit Zucker und (ein wenig) Zimt bestreuen und servieren.

MOHRENKÖPFE

400 g getrocknete Kastanien
1 l Milch
100 g Bitterschokolade (Täfelchen)
100 g Zucker
Rum
Steife Schlagsahne und Likörweichseln (zum Garnieren)

Portionen: 4-6
Vorbereitungszeit : 20'+8h+3-4h
Kochzeit: 40'
Schwierigkeitsgrad: ●●
Kalorien (pro Portion): 1185
Proteine (pro Portion): 11
Lipide (pro Portion): 49
Nährwert: ●●●

1 Die 8 Stunden vor Kochbeginn in der Milch aufgeweichten Kastanien werden in dieser zugedeckt auf schwacher Flamme gekocht, bis sie die Flüssigkeit fast gänzlich aufgesogen haben.

2 In ein Sieb gießen, das braune Häutchen abziehen, im Mixer pürieren. In einer Schüssel mit der geriebenen Schokolade, dem Zucker und 1 Gläschen Rum vermischen. Zu Kügelchen drehen, in die Portionskelche verteilen und mit steif geschlagener Sahne und Likörweichseln garnieren. 3-4 Stunden im Kühlschrank kalt stellen, doch nicht eisig servieren.

Mit Kastanien lässt sich auch eine vorzügliche, gehaltvolle Torte zubereiten. Eigelbe mit Zucker und Milch schaumig rühren und mit den gekochten und passierten Kastanien vermischen, dann den Eischnee und ein wenig Vanillezucker darunter heben. Den gebackenen Kuchen mehrmals horizontal durchschneiden und die Lagen abwechselnd mit Waldbeermarmelade und Schlagsahne farcieren.

1

2

Honiglebkuchen

250 g Blütenhonig
250 g Mehl
(und etwas mehr für die Arbeitsplatte)
1 Ei und ein Eigelb
90 g Zucker
60 g Zitronat und Orangeat (gemischt)
30 g abgezogene Mandeln
Schale einer viertel Zitrone
Zimtpulver
1 Gewürznelke
5 g Backpulver
ca. 30 g Hagelzucker (zum Dekorieren)
20 g Butter

Portionen: 4
Vorbereitungszeit: 30'+30'
Kochzeit: 30'
Schwierigkeitsgrad: ●●
Kalorien (pro Portion): 654
Proteine (pro Portion): 13
Lipide (pro Portion): 14
Nährwert: ●●●

Den Honig im Wasserbad sacht erhitzen, in eine Schüssel geben, die Hälfte des Mehls einrühren und die Masse erkalten lassen. In der Zwischenzeit das Ei und das Eigelb mit dem Zucker in einer zweiten Schüssel schaumig rühren, die zerkleinerten kandierten Früchte, die mit den Mandeln fein gewiegte Zitronenschale, eine Prise Zimt, die zerriebene Nelke sowie das verbliebene Mehl mit dem Backpulver nach und nach zufügen und den geschmeidigen Teig mit der Honigmasse verarbeiten. Die neue Teigmasse anschließend eine halbe Stunde ruhen lassen. Den Backofen auf 180 °C vorheizen. Den Teig auf der bemehlten Arbeitsplatte ca. 6 cm dick ausrollen, mit verschiedenen Backförmchen Plätzchen ausstechen und nebeneinander auf ein gebuttertes und bemehltes Backblech legen. Die Honigplätzchen eine halbe Stunde backen, herausnehmen und mit Hagelzucker bestreuen.

Ein traditioneller Kuchen der Südtiroler Dolomiten ist der Osterkranz, bei dem drei Eierteigstränge zu einem Zopf geflochten werden. Ganz typisch ist der köstliche Bauernkuchen mit Walnüssen, kandierten Früchten, Rosinen und Zitronenaroma, der im Backofen gebacken und in Scheiben geschnitten wird. Einfach und lecker, eben nach Hausmacher Art, ist auch die Torte aus Buchweizenmehl, Butter, Ei, Zucker und Mandeln, die mit Johannisbeer- oder Heidelbeermarmelade gefüllt und mit Puderzucker bestreut wird.

"TOPFENPALATSCHINKEN"

Crêpes mit Quark

Für den Teig
150 g Mehl
2,5 dl Milch
3 Eier
10 g Zucker
Salz
ca. 30 g Butter
Olivenöl

Für die Füllung
250 g Quark (Topfen)
2 Eier
50 g Zucker
Schale von einer halben Zitrone
20 g Rosinen
5 cl saure Sahne
Salz
50 g Butter

Für die Glasur
2 Eier
2 dl Milch
10 g Zucker
20 g Butter (zum Ausstreichen der Backform)

Portionen: 6
Vorbereitungszeit: 35'+15'
Kochzeit: 45' ca.
Schwierigkeitsgrad: ●●●
Kalorien (pro Portion): 704
Proteine (pro Portion): 21
Lipide (pro Portion): 52
Nährwert: ●●●

1 Die Rosinen in lauwarmem Wasser einweichen. Das Mehl in eine Schüssel sieben, die lauwarme Milch und eine Prise Salz zugeben und mit dem Rührgerät vermengen. Nacheinander die Eier, den Zucker und einen Esslöffel Öl einrühren. Den Pfannkuchenteig abkühlen und eine Weile stehen lassen. Eine mit Butter ausgestrichene Pfanne stark erhitzen und einen Löffel Teig hineingeben, sodass der Pfannenboden dünn bedeckt ist. Den Crêpe eine Minute backen, umdrehen, von der anderen Seite ebenfalls eine Minute backen und den fertigen Crêpe auf einen Teller legen. Den Vorgang 5-mal wiederholen (die Butter wieder verwenden), und die 6 goldgelb gebackenen, hauchdünnen Crêpes beiseite stellen.

2 Die Eier aufschlagen, das Eiweiß von den Dottern trennen, die mit der Butter, dem Zucker, der abgeriebenen Zitronenschale und einer Prise Salz schaumig gerührt werden. Den Quark, die ausgedrückten Rosinen und die Sahne hinzufügen, alles gut vermischen und dann den steif geschlagenen Eischnee vorsichtig darunter heben. Den Backofen auf 160 °C einstellen. Die Füllung auf den Crêpes verteilen, aufrollen und in eine gebutterte feuerfeste Form legen. Die mit Milch und Zucker verquirlten Eier darüber gießen und eine halbe Stunde in der Röhre überbacken.

2

1

WALDBEERAUFLAUF

Die Weißbrotscheiben in eine Terrine legen, mit der Hälfte der Milch übergießen und einweichen, ab und zu wenden. Die Waldbeeren verlesen, waschen und trocken tupfen. Mit der restlichen lauwarmen Milch, dem Mehl, dem Eigelb und einer Prise Salz einen Pfannkuchenteig bereiten und an einem kühlen Ort eine Weile ruhen lassen. In der Zwischenzeit die Brotscheiben abtropfen lassen. 40 g Butter in der Pfanne zergehen lassen und die Brotscheiben darin von beiden Seiten goldgelb backen. Mit dem Pfannenheber herausnehmen, abtropfen und auf Küchenkrepp trocknen lassen. Den Backofen auf 160 °C einstellen. Die gebackenen Brotscheiben in eine gebutterte feuerfeste Form legen, mit Waldbeeren bedecken und die Hälfte des Zuckers darüber streuen. Dann den Pfannkuchenteig gleichmäßig darüber laufen lassen und die Backform eine halbe Stunde in die Röhre geben. Herausnehmen und mit dem restlichen Zucker bestreuen. Ein köstlicher Auflauf.

4 Scheiben Weißbrot, 250 g
400 g gemischte Waldbeeren
60 g Mehl
3 dl Milch
1 Eigelb
60 g Zucker
Salz
50 g Butter

Portionen: 4
Vorbereitungszeit: 25'+15'
Kochzeit: 40'
Schwierigkeitsgrad: ●●
Kalorien (pro Portion): 501
Proteine (pro Portion): 13
Lipide (pro Portion): 17
Nährwert: ●●●

Eine Variante, die keinen Backofen benötigt: *400 g dünne Weißbrotscheiben halbieren, die Hälfte der Scheiben mit Johannisbeermarmelade (oder nach Belieben mit einer anderen Waldbeermarmelade) bestreichen und mit den anderen Hälften zu einem Sandwich zusammenlegen, mit Milch benetzen und in Pfannkuchenteig (aus 200 g Mehl, 2 dl Milch, einem Ei und einer Prise Salz) tauchen. In einer Pfanne 40 g Butter in 1 dl Milch zergehen lassen, die abgetropften Sandwiches darin goldgelb backen, noch einen Guss lauwarme Milch zufügen, zudecken und sacht köcheln lassen, bis die ganze Flüssigkeit aufgesaugt ist.*

Für den Teig
300 g Mehl
(und etwas mehr für die Arbeitsplatte)
40 g Butter
1 Eiweiß
Salz

Für die Füllung
1 kg (nicht zu süße) Äpfel
80 g Semmelbrösel
60 g Rosinen
5 Walnusskerne
50 g Zucker
Zimt (ein Stückchen)
70 g Butter

Portionen: 4
Vorbereitungszeit: 40'+30'
Kochzeit: 50' ca.
Schwierigkeitsgrad: ●●●
Kalorien (pro Portion): 930
Proteine (pro Portion): 17
Lipide (pro Portion): 35
Nährwert: ●●●

APFELSTRUDEL

Jedes Tal, jeder Berghof und jede Bäckerei hat ein eigenes Strudelrezept, das strengstens geheim gehalten wird. Der Teig kann mit Quark angereichert sein, die Füllung kann nur aus Trockenobst bestehen, oder aus Mandeln, Nüssen, Honig, Mohnsamen oder auch Trauben. Aber auch wenn es zahllose Varianten gibt, das Ergebnis ist immer das Gleiche: eine hausgemachte, duftende Köstlichkeit in goldbrauner Umhüllung. Wir haben hier für die Teighülle übrigens das Rezept nach alter Tradition angegeben, wogegen heute vorwiegend Blätterteig verwendet wird.

Die Rosinen in wenig lauwarmem Wasser einweichen. Das Mehl und eine Prise Salz auf die Arbeitsplatte sieben, nach und nach die in ca. 1 dl lauwarmem Wasser zerlassene Butter in die Mitte des Mehlberges geben und mit dem Spatel vermischen. Das Eiweiß darunter mischen und so lange kneten, bis eine kompakte gleichmäßige Masse entsteht. Anschließend den Teig eine halbe Stunde zugedeckt ruhen lassen. Die Äpfel schälen, vierteln und das Gehäuse entfernen. Dann in dünne Scheiben schneiden und in eine Schüssel geben. Den Zucker, ein Stückchen zerriebene Zimtstange, die ausgedrückten Rosinen und die fein gehackten Walnusskerne hinzufügen, umrühren und ruhen lassen. 10 Gramm Butter in der Pfanne zerlassen und die Semmelbrösel goldgelb darin rösten. Den Backofen auf 180 °C einstellen. Ein sauberes Küchentuch auf die Arbeitsplatte legen, mit Mehl bestäuben und den Teig hauchdünn darauf ausrollen (ein wenig Teig zum Garnieren aufheben). Die zerlassene Butter (20 g) darauf streichen, die Apfelfüllung bis eineinhalb Zentimeter vom Rand darauf verteilen und mit dem gerösteten Paniermehl bestreuen. Den Strudel mit beiden Händen und mit Hilfe des Tuches fest aufrollen. Mit dem Zahnrädchen beschnittene Teigstreifen als Verzierung darauf setzen. Den Strudel auf ein gut gebuttertes (20 g) Backblech legen, mit der restlichen zerlassenen Butter bestreichen und 45 Minuten im Backofen backen.

"ZELTEN"

Auch für dieses traditionelle Gebäck zum Weichnachtsfest gilt das, was wir für den Strudel gesagt haben, das heißt, es gibt eine Unzahl an Abwandlungen, die aber alle unwiderstehlich sind. Im Trentino krönt der Zelten (das italienische Wort "Celteno" klingt nicht unbedingt besser) ebenfalls die festliche Weihnachtstafel. Gewöhnlich trinkt man dazu einen Süßwein oder, wenn man will, den edlen Trientiner Vin Santo.

220 g Vollwertmehl
10 g Bierhefe
80 g Trockenfeigen
50 g Walnusskerne
50 g Haselnusskerne
1 Orange
80 g Sultaninen
2 Eier
Brandy
150 g Zucker
Milch
100 g Butter

Portionen: 4
Vorbereitungszeit: 30'
Kochzeit: 45'
Schwierigkeitsgrad: ●●
Kalorien (pro Portion): 1066
Proteine (pro Portion): 18
Lipide (pro Portion): 41
Nährwert: ●●●

Die Eigelb mit dem Zucker schaumig schlagen, dann 80 g Butter, 1 Glas Milch, die Hefe und zuletzt nach und nach 200 g Mehl einarbeiten. Den Saft und die geriebene Schale der Orange einmengen, 1 Gläschen Brandy dazugießen und stets in kleinen Mengen Sultaninen, die gehackten Wal- und Haselnüsse und Feigen einrühren: Eine halbe Stunde ruhen lassen.
Den steifen Eierschnee unterheben und die Masse in eine gebutterte und bemehlte Form streichen. 45 Minuten im auf 180° C vorgeheizten Ofen backen. Dieser Zelten schmeckt sowohl warm als kalt vorzüglich und stellt, mit Schlagsahne oder Marmelade gereicht, eine ideale Jause (Vesper) dar.

Hundert weitere Verlockungen

Die Vielfalt der typischen traditionellen Süßspeisen und Backwaren in den Dolomiten und in Südtirol ist, wie wir gesehen haben, so groß, dass man ein ganzes Buch damit füllen könnte, so wie es namhafte Vertreter der lokalen Konditorei auch getan haben, um ein erschöpfendes Bild von diesem gastronomischen Zweig zu vermitteln. Wir können an dieser Stelle nur einige weitere Hinweise geben zu den in unserem Buch veröffentlichten Rezepten, damit Sie bei einer Reise in die Dolomiten sich ein wenig besser orientieren können angesichts der unerschöpflichen und beneidenswerten Auswahl an süßen Verführungen, die jedem Vergleich standhalten. Wie wir schon betont haben, werden immer einfache naturreine Zutaten verwendet, die in jedem Haushalt verfügbar sind. Die Hausfrauen haben es jedoch verstanden, durch Fantasie und jahrelange Erfahrung diese Elemente auf tausenderlei Art zu kombinieren und eine Unzahl an Formen und Lösungen hervorzubringen, die in der Tradition verwurzelt sind, wenn auch moderne Backröhren und Fritteusen durchaus zu ihrem Recht kommen. Beispielhaft hierfür sind die vielförmigen Krapfen, ob süß oder salzig, herzhafte Zwischenmahlzeiten, wenn sie mit Spinat gefüllt sind, und unwiderstehliche Leckerbissen, wenn sie mit Mohn- oder Vanillecreme farciert sind, wie die goldgelb gebackenen Faschingskrapfen in Form von Kringeln aus einem Teig mit Butter, Zucker, Milch, Sahne und Ei, die zum Schluss mit Puderzucker bestreut werden.

Eine Hauptkomponente in der Südtiroler Backstube ist der Apfel. Man braucht ihn zum Beispiel für die so genannten Apfelkiechl, bei denen Apfelscheiben in einen Pfannkuchenteig aus Mehl, Milch, Salz, Zucker und Rum getaucht, dann frittiert und mit Puderzucker bestreut werden; oder der gehaltvolle Apfelauflauf aus Apfelschnitzen, die mit Zucker, Zimt und gehackten Mandeln bestreut, mit Sahne bedeckt und im Backofen gebacken werden (auf die gleiche Weise kann man Kirschauflauf machen). Der Auflauf spielt überhaupt eine wichtige Rolle in der lokalen Konditorei. Neben tausend anderen Rezepten hier der Brotauflauf, bei dem Brot mit Milch, Zucker, Grieß, Salz, Zimt und Zitronensaft vermischt und mit Apfel- und Birnenscheiben und Eischnee bedeckt wird. Oder der Scheiterhaufen, in Milch eingeweichtes Weißbrot, abwechselnd aufgeschichtet mit Zimt bestreuten Apfelschnitzen, und garniert mit einem Sahne-Zucker-Butter-Eiergemisch. Der Plenten Broater ist ein Auflauf aus Buchweizenmehl, Milch, Apfelscheiben und zerlassener Butter, der mit Preiselbeermarmelade oder Milch serviert wird. Der Ofenplent dagegen ist eine Art Soufflé aus einem Teig aus Weizen- und Mehrkornmehl, Milch und Eigelb, vorsichtig darunter gehobenem Eischnee und einer Decke aus Apfelscheiben, die mit Zitronensaft beträufelt und mit Zimt bestreut werden.

Der zahlreichen Familie der frittierten Küchlein gehören auch die so genannten Mohnmingilans an, die aus einem mit Ei, Mohn und Zimt bereiteten Kartoffelteig bestehen, dann in einen Pfannkuchenteig aus Mehl, Ei, Rum, Zucker und Milch getaucht, frittiert und zum Schluss mit Puderzucker bestreut werden; ferner die Strauben, Teigspiralen aus Mehl, Butter und Milch, die ebenfalls mit Puderzucker bestreut und mit Preiselbeeren serviert werden. Eine Verführung nach der anderen, sodass selbst den größten Naschkatzen die Wahl schwer fällt. Da gibt es die rustikalen Polsterzipfl, quadratische oder dreieckige "Ravioli" aus einem Teig mit Kartoffeln, Mehl, Ei, Milch, Hefe und Zucker, die mit Marmelade gefüllt sind, dann die runden Kiechl aus Hefeteig mit Rosinen, die frittiert, mit Puderzucker bestreut und mit Marmelade garniert werden, oder die delikaten Dorf Tiroler, kleine Meringen aus Eischnee, Zucker und Zitronensaft, die mit Mandelblättchen und Schokolade garniert werden. Während der duftende Germzopf, ein mit Hagelzucker dekorierter Rosinenkuchen, aus dem Backofen kommt, hält der Kühlschrank die cremige Schneemilch aus dem Venostatal bereit, ein Dessert auf der Grundlage von Weißbrot, Milch, Schlagsahne, Nüssen, Rosinen, Rum und Zimt, das kalt in Schalen serviert wird. Weitere süße Verlockungen kommen aus dem Trentino, etwa die typische "Fregolotti-Torte" aus Mehl, Zucker, Butter, Zimt und abgeriebener Zitronenschale, hierzu Varianten mit Mandeln und Schnaps (Grappa). Im Umland von Belluno, in Falcade im Biois-Tal, probieren wir die "carfogn", frittierte Blätterteigküchlein, die mit gemahlenem Mohn, Honig und Grappa, Zwieback und anderen Zutaten gefüllt sind, die sich von Dorf zu Dorf ändern. Typisch für diese Gegend sind auch die süßen "crostoli" (s. S. 16), auch "galani" genannt, und das traditionelle "pan di Festa" aus Belluno und dem Alpago, ein Hefekuchen für die Weihnachtstage, der manchmal die Form eines großen Kranzes hat und dessen Teig aus Weizenmehl und Hirse, Butter, Zucker, Likör, abgeriebener Zitronenschale, Wal- und Haselnüssen und getrockneten Feigen besteht.

Weine und Liköre

Die Dolomiten befinden sich im Herzen einer der ältesten Weingebiete Italiens. In der unmittelbaren Umgebung der rosafarbenen Bergriesen und in den Tälern, die den mächtigen Gebirgsbogen begrenzen, bedecken gut gepflegte Weingärten die Hänge mit ihrem schmückenden Grün. In Südtirol ist der Wein vermutlich seit der Zeit der Räter zu Hause, als sich dieser keltische Volksstamm hier in den Tälern ansiedelte. Der Weinanbau wurde dann von den Römern weiter betrieben und erlebte den endgültigen Aufschwung im Mittelalter mit den Mönchen, die den lokalen Weinen zu Ruhm verhalfen. Die älteste Rebe Europas, die über 6 Jahrhunderte alt ist, gedeiht in Schloss Katzenzungen, und die höchstgelegene Kellerei des Kontinents befindet sich in Meltina (1200 m). Die Mönche produzieren auch heute noch Wein in den Klöstern von Neustift und Gries-Muri in Bozen. Gegenwärtig wird in etwa der Hälfte aller Südtiroler Gemeinden Weinanbau getrieben. 5000 Betriebe bearbeiten ca. 500 Hektar Land mit einer Jahresproduktion von rund 350.000 Hektolitern, von denen 60% Rotweine ausmachen. Günstige bodenklimatische Bedingungen, unter anderem die Komposition gut dränierter Böden und der richtige Feuchtigkeitsgrad, sowie die jahrhundertealten Fähigkeiten geduldiger Weinerzeuger verwandeln anderswo als ungünstige Faktoren gewertete Umstände, etwa die starken Klima- und Temperaturschwankungen, zu Vorteilen für die Erzeugung hervorragender Weine mit ganz besonderen Eigenschaften, Weine mit reichhaltigem, intensivem Aroma, harmonisch und elegant, mit ausgewogenem Körper und viel Temperament. Unter den roten Reben herrscht die seit dem Mittelalter geschätzte, autochthone Familie der Schiava-Traube ("Grossa, Media und Grigia") vor, die 55% der Rebfläche bedeckt, zusammen mit dem robusten und körperreichen Lagrein, ebenfalls ein bodenständiger Wein, auf den die Tiroler Winzer besonders stolz sind, neben internationalen Rebsorten wie Cabernet, Merlot und Pinot Nero. Unter den Weißweinen rangieren der bodenständige Gewürztraminer, der im unteren Etschtal heimisch ist, dann der Müller-Thurgau, Riesling, Sylvaner, Veltliner, Kerner und die wichtigsten internationalen Reben (Chardonnay, Pinot Bianco und Grigio, Sauvignon). Von Wichtigkeit ist auch die Herstllung eleganter Schaumweine, von Cuvée-Reben bis Pinot. Ausgezeichnete Dessertweine sind der roséfarbene und goldene Muskateller. Die Anfänge der organisierten Winzergenossenschaften, die das Rückgrat des hiesigen Weinanbaus bilden, liegen weit zurück. Nach der ersten Genossenschaft, die 1893 in Andrian gegründet wurde, ist ihre Zahl heute auf 16 gestiegen; daneben gibt es rund 40 private Kellereien. Eine Weinstraße zwischen Salorno und Bozen zieht sich durch das Etschtal in Richtung Meran und das Eisacktal bis nach Bressanone und durchquert die besten Weinbaugebiete. Hier werden hochwertige und renommierte Weine erzeugt, die so manch gastronomischer Spezialität zu ihrem Ruf verholfen haben und deutlich machen, dass der Wein fester Bestandteil des hiesigen Lebensstils ist. Im Südtiroler Land gelten im Grunde zwei kontrollierte Herkunftsbezeichnungen mit verschiedenen Spezifikationen: Südtirol mit den Unterzonen Eisacktal, Terlan und Venostatal, und Kalterer See. Sehen wir uns nun die einzelnen Produktionsgebiete näher an. Im Eisacktal regieren die Weißweine mit der typischen Note von Mineralien, wo an Moränenhängen geklammerte kleine Weingärten, die an raue Klimaverhältnisse gewohnt sind, ausgezeichnete Ergebnisse erzielen. Unter den Rebsorten dominieren der Sylvaner und, in kleinerem Maß, der Veltliner. Im Vormarsch ist auch der Müller-Thurgau, eine typisch "alpine" Traube, die in Höhenlagen zwischen 700 und 900 Metern gedeiht, zusammen mit dem frostbeständigen Kerner. Weinberge kleineren Ausmaßes sind den Varietäten mit roten Trauben vorbehalten. Für leichte und elegante Vorspeisen, Fisch und Krustentiere, aber auch für Spargel eignen sich Weißweine wie der frische und harmonische Sylvaner mit delikat fruchtigem Aroma, der würzige Müller-Thurgau mit intensivem Duft, der elegante und aromatische Gewürztraminer, ein markanter, trockener Wein, dann der erlesene Pinot Grigio mit weichem und angenehmem Geschmack. Nicht zu vergessen der exklusive, trockene Kerner mit delikatem Aroma und vollem Geschmack, und der Veltliner mit seiner typisch grünlichen Nuance, der angenehm fein duftet und im Gaumen trocken ist, ein idealer Begleiter für frischen Käse. Ein leichter und dennoch zu-

frieden stellender Rotwein? Der Klausner Leitacher, am besten zu Speck und anderen Wurstwaren. Auch das Venostatal blickt trotz seiner armen Böden auf eine jahrhundertealte Weinbautradition zurück, die durch die gute Sonneneinstrahlung und geringe Regenmenge (in den Ostalpentälern der niedrigste Wert) begünstigt wird. Auch hier überwiegen – wenn auch in geringerem Maße – die Weißen, die von weltweit bekannten Reben stammen, dazu kommt der jüngere Zweigelt, der ziemlich hohe Lagen bevorzugt. Typisch für das Tal ist der Fraueler, ein angenehm herber Wein. Die meiste Anbaufläche ist dem renommierten und eleganten Riesling und dem frischen Müller-Thurgau vorbehalten, während die kleinere Fläche von Reben eingenommen wird wie dem Chardonnay mit fruchtigem Geschmack, dem körperreichen Gewürztraminer, dem angenehmen Kerner mit vollmundigem Geschmack wie auch dem angenehmen Pinot Grigio und Pinot Bianco, dessen Duft eine Note exotischer Früchte mit einer Nuance Vanille anhaftet – ein fruchtiger, weicher, körperreicher Wein mit nachhaltigem Abgang. Unter den Roten wäre der harmonische Schiava von der gleichnamigen Rebe zu nennen, mit angenehm fruchtigem Aroma, rund und nachhaltig, hervorragend zu ersten Gängen mit Nudeln oder Reis, Speck und anderen Wurstsorten sowie zu mildem Käse, zusammen mit dem körperreichen Pinot Nero, dessen Waldbeeren-Aroma und weicher, voller, eleganter und nachhaltiger Geschmack zu dunklem Grill- und Bratenfleisch, Wildbret und altem Käse passen. Die Roten sind vorwiegend im Hügelland um Meran anzutreffen. Die Weine mit der Bezeichnung Colline di Merano oder Meranese aus der Rebe Schiava Grossa oder Nobile und Schiava Tschaggele, gemischt mit anderen roten Trauben, verbinden ein delikates Aroma mit einem trockenen und angenehm vollen Geschmack, hervorragend zu Speck, Wurst, hellem Fleisch und mildem Käse; dem fruchtigen Aroma mit leichtem Veilchenduft des Santa Maddalena Meranese, der in einem eng begrenzten Gebiet hergestellt wird, entspricht ein kräftiger und ausgewogener Geschmack mit leichter Mandelnote, hervorragend zu dunklem Fleisch und würzigem Käse. Auch das Weingebiet zwischen Terlan, Bozen und dem Kalterer See, der Domäne der Schiava- und Lagrein-Rebe, produziert überwiegend Rotweine, die mehr oder weniger robust sind und – je nach Art und Alter – als Begleiter zu rotem Fleisch und altem Käse, aber auch zu Speck und Wurstwaren, hellem Fleisch und zartem Käse geeignet sind. An erster Stelle rangieren ein angenehmer Rotwein mit der Bezeichnung Colli di Bolzano auf der Rebengrundlage von Schiava, Lagrein und Pinot Nero, dann der Lagrein Scuro mit der typischen Veilchennote, trocken, aber samtig, mit leicht herbem Akzent, und der robuste Cabernet mit komplexer, ausgewogener Struktur, der die Bezeichnung "Riserva" tragen darf, wenn er 2 Jahre gelagert ist, ebenso der Merlot mit vollem und leicht herbem Geschmack und der Cabernet Lagrein von intensiv rubinroter Farbe, trocken und samtig im Abgang, der, ähnlich wie der körperreiche Cabernet Merlot, an Johannisbeerduft erinnert. Den Hauptgängen ist dagegen der Kalterer See vorbehalten, ein angenehmer Rotwein aus Schiava-Trauben, der in den Gemeinden um den Kalterer See hergestellt wird, mit fruchtigem Aroma, leichtem, rundem und ein wenig tanninhaltigem Geschmack, der an Mandel erinnert, wie auch der helle Nektar der Schiava Grigia-Rebe mit voller, harmonischer und zarter Würze. Daneben gibt es frische und delikate Roséweine, wie den Merlot mit trockenem Geschmack und dem Aroma von roten Johannisbeeren, der sich für Speck und Wurstwaren eignet, den springlebendigen Lagrein Kretzer, ideal für gehaltvolle Vorspeisen, Räucherfisch und helles Fleisch, wie auch den Malvasia aus der gleichnamigen roten Rebe, ein hellroter Wein mit lachsfarbenen Reflexen, ausgewogen und weich, der ideale Begleiter zu herzhaften Fischgerichten, Braten, zartem Käse und geräuchertem Lachs. Zum Dessert reicht man am besten den feinen goldenen Muskateller mit seinem unverwechselbaren Aroma, der trocken auch einen hervorragenden Aperitif abgibt, und den rosafarbenen Muskateller mit zartem Rosenduft und vollem Abgang. Das Weingebiet rund um Terlan, nordöstlich von Bozen, produziert vorwiegend Weißweine in der vorgenannten klassischen Zusammensetzung. Neben dem reinen Terlano mit delikatem fruchtigem Aroma, bei dem Pinot Bianco (50%) mit anderen Rebsorten wie Sauvignon, Sylvaner und Müller-Thurgau verkeltert werden, um eine trockene und volle Würze zu erzielen, gibt es Weine, deren Bezeichnung sich an den vorherrschenden Reben inspiriert, dem temperamentvollen Chardonnay mit fruchtigem Aroma und Bananenduft, dem markanten Müller-Thurgau mit leichtem Moosaroma, dem frischen Pinot Bianco, der ein wenig nach Apfel duftet und eine trockene, volle Würze hat, der Sylvaner mit grünlichen Reflexen, der ebenso wie der trockene Riesling Italico viel Körper besitzt. In begrenzter Produktion werden hergestellt der elegante Riesling von Terlan, ein trockener und ausgewogener Wein, idealer Begleiter für Krustentiere und Meeresfrüchte, und der sanfte Sauvignon, ein trockener und körperreicher Wein, den man zu einer ausgezeichneten Zwiebelsuppe genießen sollte. Dulcis in fundo, ein angenehmer Sekt aus Pinot Bianco und Chardonnay-Trauben vom Typ Extra Brut und in der delikateren Version Brut. Auch im Trentino ist die Rebe ein landschaftsprägendes Element. Die Weinbauer haben sich sehr bemüht, der Qualität ihrer Weine Geltung zu verschaffen. Von der Jahresproduktion – etwa über eine Million Zentner – fallen mehr als 50% auf die weiße Traube von hochwertigen Rebsorten wie Chardonnay, die als erste auf italienischem Boden im Trentino angebaut wurde, Pinot Bianco und Grigio, Müller-Thurgau, Riesling, Traminer und Nosiola, mit einer beachtlichen Produktion renommierter Schaumweine, während die rote Traube von Sorten wie Lagrein, Marzemino, Teroldego, der Schiava-Familie und internationalen klassischen Reben wie Cabernet und Merlot stammt. Vom klimatischen Standpunkt aus gesehen teilt sich das Gebiet in drei Zonen: Basso Sarca oder Valle dei Laghi mit fast mediterranem Klima, wo der Vino Santo hergestellt wird, Vallagrina und das Etschtal mit subkontinentalem Klima, und die Seitentäler, in denen ein eher alpines Klima vorherrscht, wie das Cembra-Tal, wo zum ersten Mal der weltberühmte Müller-Thurgau angebaut wurde. Diese edle weiße Rebsorte "erfand" Professor Hermann Müller, indem er den rheinischen Riesling mit der seltenen Rebsorte Madeleine Royal kreuzte, die sich hervorragend für das Dolomitenklima eignet. Das Ergebnis war ein kristalliner und aromatischer Wein, mit deutlichem Blüten- und Fruchtakzent, angenehm säuerlich, trocken, wohlschmeckend und würzig, ideal für den Aperitif, aber auch als Begleiter zu Knödeln, Forellen, Meeresfischen, Mollusken und Krustentieren. Mit diesem Wein konkurriert der Chardonnay del Trentino, der bereits in den sechziger Jahren des 20. Jahrhunderts das D.O.C.-Gütezeichen (kontrollierte Herkunftsbe-

zeichnung) errang, ein Wein mit delikatem Bukett, Blütenduft und fruchtiger Note, vollmundig, samtig und nachhaltig im Geschmack, ausgezeichnet zu Vorspeisen mit Meeresfrüchten, Reis und ersten Gängen, Spargel, Omeletts und Fisch, der auch als Trento Talento Spumante zu haben ist. Im südlichen Trentino wird der Marzemino von der gleichnamigen roten Rebe erzeugt, die der Legende nach sogar aus dem homerischen Griechenland stammen soll und hinter deren rubinroter Farbe mit violetten Tönen sich das angenehme Aroma von Waldbeeren und Veilchen verbirgt. Aufgrund des trockenen und abgerundeten Geschmacks, der lieblich und kraftvoll zugleich ist, eignet sich der Wein hervorragend für nicht zu würzige Hauptgerichte, aber auch für rotes Fleisch, Geflügel und Hartkäse. In dem Campo Rotaliano genannten Gebiet, das sich auf die Gemeinden Mezzocorona und Mezzolombardo im Noce-Tal ein wenig nördlich von Trient verteilt, wird der berühmte Teroldego Rotaliano produziert, den schon die Römer schätzten und der 1971 mit dem D.O.C.-Prädikat ausgezeichnet wurde. Die gleichnamige Rebsorte ergibt einen Rotwein mit granatfarbenen Reflexen, der Würze von reifem Obst, feinem und gehaltvollem Geschmack und solider, ausgewogener Struktur. Als Jahrgangwein passt er gut zu Suppen, bäuerlichen Hauptgerichten, Wurst und Schinken, gelagert krönt er Wildbret, Braten und reifen Käse. Besonders stolz ist das Gebiet um Trient auf seinen so genannten Vino Santo, einen ausgezeichneten Likörwein mit alter Tradition, der im Valle dei Laghi aus der bodenständigen Nosiola-Rebe im reinen Satz hergestellt wird. Die Trauben (zur Lesezeit mit spärlichen Beeren), sog. "spargoli", werden auf Holzgittern ("arèle") ausgebreitet, wo sie in gelüfteten Räumen 5-6 Monate liegen bleiben; während dieser Zeit bildet sich der Edelschimmel oder Botrytis cinerea. Nach der Kelterung, die traditionsgemäß in der Karwoche erfolgt, beginnt die langsame Gärung (2-3 Jahre), der sich die 6-8 Jahre dauernde Reifung in kleinen Eichenfässern anschließt. Dieser große Dessertnektar ist gold- oder bernsteinfarben, hat ein intensives Bukett und einen süßen, runden Geschmack. Er ist die ideale Untermalung für den Zelten oder anderes Gebäck, vor allem Mandelgebäck, aber auch für Kräuterkäse und Gänseleberpastete. Abschließend noch ein Wort zu den Schnäpsen und Likören, die sogleich eine Gedankenverbindung zu dem berühmten Grappa herstellen. Bei dem wohltuenden Digestif handelt es sich um ein hochprozentiges Destillat aus ausgesuchten Traubentrestern, dessen Aroma, Reinheit und Würze einmalig ist, dank des direkten Destillationsverfahrens mit Brennkolben, die gewöhnlich aus Kupfer sind. Mit Treber bezeichnet man den Grappa aus vergärten aromatischen Trauben, wogegen der Alpen-Grappa seinen Namen einer kleinen Holzfigur verdankt, deren Einzelteile in die Flasche eingeführt und dann von Hand zusammengesetzt werden. Im Trentino muss man unbedingt auch den "Grappa Giovane" probieren, der aus frischen Traubentrestern in einem "Bagnomaria di Tullio Zadra" genannten Verfahren hergestellt wird; der Name geht auf den Hersteller von Destillationsgeräten zurück, die durch eine besondere Methode mit indirektem Feuer einen Likör mit 40-45° erzeugen. Aus der Reihe der Obstschnäpse seien der köstliche Apricot aus lokalen Aprikosensorten und der Apfelobstler genannt. Je nach Obstsorte gibt es den Gravenstein-Apfelbrand und den Williams-Christbirnen-Brand, bei dem die Flasche oft eine ganze Frucht enthält. Schwarzbeerschnaps, ein aromatischer Digestif, ist eine Mischung aus Treber mit gezuckertem und verdünntem Heidelbeersaft. Weitere Magenbitter, mit denen man in den Dolomiten ein gutes Essen abschließt, sind der Enzianschnaps, ein auf den Wurzeln des gelben Enzians angesetzter Schnaps, der Kranewitter aus Wochholderbeeren und eine Reihe ausgezeichneter Kräuterschnäpse.